Löwenstein | Was begründet das alles?

David Löwenstein

Was begründet das alles?

Eine Einführung in die logische Argumentanalyse

Reclam

RECLAMS UNIVERSAL-BIBLIOTHEK Nr. 14300
2022 Philipp Reclam jun. Verlag GmbH,
Siemensstraße 32, 71254 Ditzingen
Gestaltung: Cornelia Feyll, Friedrich Forssman
Druck und Bindung: Druckerei C.H.Beck,
Bergerstraße 3–5, 86720 Nördlingen
Printed in Germany 2022
RECLAM, UNIVERSAL-BIBLIOTHEK und
RECLAMS UNIVERSAL-BIBLIOTHEK sind eingetragene Marken
der Philipp Reclam jun. GmbH & Co. KG, Stuttgart
ISBN 978-3-15-014300-1

Auch als E-Book erhältlich

www.reclam.de

MIX
Papier aus verantwortungsvollen Quellen
FSC® C019821

Inhalt

Einleitung

Argumente begegnen uns auf Schritt und Tritt. In der Politik, in Schule und Hochschule, im Beruf und im Alltag sehen wir uns nicht nur mit vielfältigen Behauptungen und Positionen konfrontiert, sondern immer auch mit der Frage »Was begründet das alles?« – mit jener Frage also nach den Argumenten für die behaupteten Aussagen. Diese Frage zu beantworten ist unabdingbar, wenn man sich in einem Thema möglichst gut orientieren und selbst angemessen Stellung beziehen möchte. Das gilt umso mehr, je wichtiger ein Thema ist und je kontroverser darüber diskutiert wird.

Dieses Buch stellt eine Einführung in die logische Analyse von Argumenten dar – und zwar von Argumenten in der Philosophie und überhaupt. Diese kurze Einführung kommt ohne technische oder historische Details aus und kann ohne weitere Voraussetzungen im Studium, im Selbststudium und bereits im fortgeschrittenen Schulunterricht durchgearbeitet werden. Mit ›Analyse‹ ist dabei gemeint, dass Argumente so interpretiert und dargestellt werden sollen, dass möglichst klar wird, was in ihnen begründet und wie es begründet wird. Und ›logisch‹ ist diese Argumentanalyse deswegen, weil dieses ›wie‹ neben einem Inhalt – dem, mit dem begründet wird – immer auch eine Form betrifft, die für das Argument wesentlich ist. Und genau mit solchen Formen befasst sich die Logik.

Im Mittelpunkt dieses Buchs steht die logische Argumentanalyse als ein natürlicher Teil der Praxis des inhaltlichen Philosophierens. Daher ist der Titel an das Buch *What Does It All Mean? A Very Short Introduction Into Philosophy* (dt. *Was bedeutet das alles? Eine ganz kurze Einführung in die Philosophie*) des US-amerikanischen Philosophen Thomas Nagel angelehnt. Während Nagels Buch im Untertitel eine »ganz kurze Einführung in die Philosophie« in inhaltlicher Hinsicht ankündigt, soll *Was begründet das alles?* eine ebenso knappe Einführung in eine zentrale philosophische Methode darstellen, nämlich in die logische Analyse von Argumenten.

Dieses Buch ist so strukturiert und mit Beispielen und Übungsaufgaben angereichert, dass die logische Analyse von Argumenten praktisch greifbar ist und besonders leicht eingeübt werden kann. Inhaltlich lehnt es sich eng an die Überlegungen aus Nagels Buch an, vor allem an die in Kapitel 2 »Woher wissen wir etwas?« und Kapitel 6 »Willensfreiheit« dargestellten Überlegungen. Daher lohnt es sich, beide Bücher parallel zu lesen. Doch wird für alle, die Nagels Buch nicht zur Hand haben, das unmittelbar Relevante zitiert und erläutert. Zentrale Begriffe werden hervorgehoben und können auf diese Weise über das Register im Anhang leicht wiedergefunden werden.

Im Schulunterricht können die einzelnen Abschnitte eines Kapitels mit fortgeschrittenen Lerngruppen in jeweils ein bis zwei Stunden behandelt werden. Zur Ergänzung und zur Vorbereitung – auch mit Lerngruppen ohne Vorkenntnisse und zu Beginn der Sekundarstufe – eignet sich der allgemeine, spiralcurriculare Rahmen argumentationsdidaktischer Standards[1] und die Sammlung standardillustrierender Aufgaben (Open Access unter www.philovernetzt.de/argumentieren-lernen), die Kolleg:innen und ich gemeinsam erarbeitet haben.

In einem Einführungskurs an einer Universität können Kapitel 1 und 2 in insgesamt etwa drei Wochen und Kapitel 3 und 4 jeweils in weiteren drei Wochen behandelt werden. Wichtig dabei sind die regelmäßige Bearbeitung von Übungsaufgaben und, je nach Gruppengröße, auch zusätzliche Termine in Kleingruppen. Dadurch bleibt Raum für inhaltliche Ergänzungen, je nach den Zielen des Kurses und den Interessen der Lerngruppe (s. Ausblick), etwa eine vertiefte Lektüre des Na-

1 Vgl. Burkard [u. a.] 2021.

gel-Buchs, weitere Anwendungsbeispiele und Übungsaufgaben, zusätzliche inhaltliche philosophische Diskussionen, Vertiefungen zur formalen Logik und Argumentationstheorie oder auch zu weiteren Methoden des Philosophierens, etwa zur Begriffsarbeit, zum Interpretieren oder zur Abfassung und Präsentation eigener Texte.

1 Argumente rekonstruieren

Was heißt es, zu argumentieren? Was ist ein Argument? Wie kann man Argumente genauer verstehen? Dieses Einstiegskapitel behandelt die Grundlagen der Interpretation und Analyse von Argumenten, und zwar allein anhand der ersten drei Seiten in Kapitel 2 »Woher wissen wir etwas?« von Nagels ganz kurzer Einführung in die Philosophie, das uns auch in den folgenden Kapiteln weiter begleiten wird.

1.1 Diskussionen und Argumente

Ein argumentativer Austausch kann vielerlei Gestalt haben. Wir können persönlich miteinander diskutieren oder einander schreiben, wir können uns mit gedruckten Texten oder mit Texten in anderen Medien auseinandersetzen, in denen Argumente vorgebracht werden, und wir können im Gespräch mit uns selbst über Gründe und Gegengründe nachdenken und diese Überlegungen vielleicht auch zu Papier bringen. Doch in welcher Form auch immer argumentiert wird: Es ist wichtig, sich darüber klar zu sein, worin das Ziel des Ganzen besteht. Dabei sind drei diagnostische Fragen hilfreich:

(1) Geht es darum, wer sich in einer Frage am Ende durchsetzt, im Zweifelsfall ganz ungeachtet der relevanten Gründe und Gegengründe? Wenn ja, dann ist der Austausch von Argumenten im Grunde nur Beiwerk und es geht in Wahrheit um Macht und ums Gewinnen. Pointiert gesagt: Es wird dann gar nicht wirklich argumentiert, sondern bloß gestritten. Ein Streit ist natürlich an sich nichts Problematisches, und streiten kann man auch mit guten Gründen und inhaltlichen Argumenten. Doch wenn es *allein* darum geht, wer sich durchsetzt, haben wir es mit *bloßem* Streit zu tun.

(2) Geht es darum, dass das Gegenüber nicht nur nachgibt, sondern auch die Meinung ändert? Falls ja, dann ist das ›wie‹ entscheidend: Wenn dazu jedes Mittel recht ist, etwa auch Lügen, Auslassungen oder andere Manipulationen, dann soll das Gegenüber – grob gesagt – einfach überredet werden. Dem gegenüber steht der Versuch, den anderen zu überzeugen, bei dem es darum geht, dass das Gegenüber seine Meinung nicht irgendwie, sondern aus guten inhaltlichen Gründen verändern soll. Die Person soll einsehen, warum sie ihre Meinung vernünftigerweise verändern sollte, nicht einfach ihre Meinung ändern, unabhängig davon, wie und warum.

(3) Geht es darum, eigene Auffassungen ernsthaft zu prüfen und neue Einsichten zu gewinnen? Wenn ja, dann ist es unabdingbar, auch selbst offen dafür zu sein, sich von anderen überzeugen zu lassen. Ja, im argumentativen Austausch können die Beteiligten am Ende auch gemeinsam zu ganz neuen Auffassungen kommen, die zuvor vielleicht niemand so vertreten hat. Das Ziel eines solchen Austauschs ist die Erkenntnis selbst. Allein dieses Ziel entscheidet, ob und wer die eigene Meinung verändern sollte.

Diese diagnostischen Fragen mögen im Einzelfall nicht pauschal mit »Ja« oder »Nein« zu beantworten sein. Je nach Thema und Detailfrage können die Antworten unterschiedlich ausfallen, und vermutlich werden sich in den meisten Diskussionen stets verschieden ausgerichtete Beiträge finden lassen. Doch ist es schon allein von nicht zu unterschätzendem Wert, solche Unterschiede und sogar Graustufen und Schattierungen überhaupt erst einmal als solche zu entdecken. Denn in Diskussionen ist kaum etwas so wichtig wie der Blick dafür, wer gerade welches Spiel spielt. Zumal es zu den gefährlichsten Verzerrungen von Diskussionen gehört, ein Interesse an einem inhaltlichen, konstruktiven und an Erkenntnis orientierten Austausch vorzugaukeln, in Wahrheit aber schlicht den eigenen

Willen durchsetzen zu wollen. Ein gutes Beispiel aus dem öffentlichen Diskurs bietet das Phänomen der sogenannten Fake News.[2]

Vor diesem Hintergrund zeigt sich, wie mehrdeutig im Grunde genommen die verbreitete Rede davon ist, dass es in einer Diskussion darum geht, wer recht hat. Was bedeutet das genau? Will man in einer Diskussion in dem Sinne recht haben (oder gar behalten), dass man an seiner eigenen Auffassung festhalten und sie durchsetzen will, komme was wolle? Oder will man in einem anderen Sinn recht haben, nämlich so, dass man am Ende der Diskussion richtigliegt, also eine Erkenntnis gewonnen hat – vielleicht eine ganz neue und vielleicht auch eine alte, deren Rechtfertigungen und Schwachstellen man nun umso besser überblickt? Nur in diesem zweiten Sinne zielt eine Diskussion tatsächlich darauf ab, etwas besser zu verstehen und mehr zu erkennen.

Auch das Stichwort ›Schwachstellen‹ lohnt eines genaueren Blicks. Denn Diskussionen und Kontroversen werden oft in einer problematisch auf Gegensatz gebürsteten, antagonistischen Metaphorik von Konflikt und Kampf beschrieben.[3] Dann heißt es, dass die Diskutierenden einander attackieren, sich verteidigen oder zum Gegenangriff übergehen.

Und solche Metaphern stärken natürlich ihrerseits leicht die Vorstellung, in Diskussionen müsse man gewinnen und sich durchsetzen, unabhängig davon, mit welchen Mitteln dies geschieht – denn im Krieg ist ja angeblich alles erlaubt. Auf diese Weise verwischt sich die Grenze zwischen einem Konflikt zwischen Personen auf der einen Seite und einer konstruktiven Diskussion über Inhalte auf der anderen Seite.

2 Vgl. hierzu Jaster/Lanius 2019.

3 Vgl. Cohen 1995.

Eine solche konstruktive Diskussion zeichnet sich durch andere Eigenschaften und eine andere Haltung der Diskutierenden aus: Der Gewinn besteht nicht immer und vor allem nie allein darin, dass andere ihre Überzeugungen ändern. Das Ziel einer konstruktiven Diskussion besteht in der Erweiterung von Erkenntnis – der eigenen Erkenntnis, der Erkenntnis anderer oder sogar beider. Dazu gehören etwa, durch bessere Argumente überzeugt zu werden, sowohl Stärken als auch Schwächen der eigenen Auffassung zu erkennen oder neue Begründungszusammenhänge zu verstehen. Es geht also nicht darum, sich als Person zu verteidigen, wenngleich es natürlich wichtig und lehrreich ist, kritisch zu prüfen, ob sich eine bestimmte *Aussage*, vielleicht ja eine eigene, gegen bestimmte Einwände verteidigen lässt. Genauso falsch wäre es, andere Personen anzugreifen. Doch der Versuch, eine bestimmte *Auffassung* zu kritisieren, stellt natürlich eine wichtige Gelegenheit dar, etwas zu lernen, und dies gilt für alle Beteiligten. In 1.4 werden wir das erneut aufgreifen.

Dieses Buch ist an all jene gerichtet, die an inhaltlichen und produktiven Diskussionen in diesem Sinne interessiert sind – an Diskussionen, die nicht antagonistisch sind, sondern die sich mit Inhalten auseinandersetzen und das Ziel haben, etwas aufzubauen und miteinander zusammenzuarbeiten, also konstruktiv und kollaborativ sind. Denn genau dazu liefert die logische Analyse von Argumenten einen entscheidenden Beitrag. Das zu erläutern und zu begründen ist die wichtigste Funktion dieses ersten Kapitels.

Zuvor jedoch noch eine Anmerkung: Geht es um Erkenntnisgewinn, ist natürlich nicht gemeint, nach vermeintlich unumstößlichen Wahrheiten zu suchen, die, einmal gefunden, nie wieder in Frage gestellt und zum Gegenstand der Diskussion gemacht werden könnten. Die Vokabeln der Wahrheit und der Erkenntnis mögen zwar in manchen Fällen in der Tat fundamentalistisch missbraucht werden (»Das ist einfach wahr, darüber gibt es nichts zu diskutieren«). Doch versteht man sie richtig, gehört die Suche nach Erkenntnis eng zusammen mit dem Bewusstsein, selbst fehlbar zu sein.[4] Über Erkenntnis, Wissen und Wahrheit als solche lassen sich natürlich ihrerseits viele wichtige, interessante und auch kontroverse Debatten führen.[5] Doch wie auch immer Sie das im Detail sehen: Solange Sie an der Prüfung und Erweiterung Ihrer eigenen Erkenntnis interessiert sind, ist der argumentative Austausch mit anderen ein unerlässliches Mittel und bietet die logische Analyse von Argumenten eine wichtige Methode.

Um die Methode der logischen Argumentanalyse genauer zu entwickeln, müssen wir zunächst aber mit einer noch grundlegenderen Frage beginnen: Was ist überhaupt ein Argument? Versuchen wir eine erste Definition:

> Ein Argument ist eine Begründung einer Aussage durch (meist mehrere) andere Aussagen.

Die Wörter ›These‹ und ›Aussage‹ können wir hier gegeneinander austauschen. Es geht um etwas, das man behaupten und das wahr oder falsch sein kann. Innerhalb eines Arguments unterscheidet man entsprechend die begrün*dete* Aussage von den begrün*denden* Aussagen. Die begründete These nennt man ›Konklusion‹, die begründenden Thesen heißen ›Prämissen‹. Das bedeutet: Wer ein bestimmtes Argument vorbringt und vertritt, behauptet, dass die Konklusion wahr ist, weil die Prämissen wahr sind – und dass man demzufolge die Konklusion akzeptieren sollte, wenn man die Prämissen akzeptiert.

4 Vgl. Keil 2019.
5 Vgl. Lynch 2004.

Diese erste und grundlegende Begriffsbestimmung lässt sich wie folgt zusammenfassen:

> Ein **Argument** ist eine Begründung einer Aussage, der **Konklusion** des Arguments, durch (meist mehrere) andere Aussagen, die **Prämissen** des Arguments. Dementsprechend ist der Gehalt eines Arguments, dass die Konklusion wahr ist, *weil* die Prämissen wahr sind. Die Funktion eines Arguments besteht darin, die Wahrheit der Konklusion auf die Wahrheit der Prämissen zurückzuführen.

Wer ein Argument vorbringt, muss es jedoch nicht immer vollständig selbst vertreten, also alle beteiligten Aussagen als wahr akzeptieren. Zum Beispiel kann man auch einfach ausloten, was aus einer bestimmten These folgt, und dazu Argumente mit dieser Prämisse formulieren. Und manchmal geht es nur darum, wie man eine bestimmte These möglicherweise begründen könnte, ohne sich darauf festzulegen, dass man sie tatsächlich akzeptieren und genau so begründen würde. In allen Fällen erfüllt das Argument jedoch seine zentrale Funktion: Ob die Konklusion wahr ist, soll durch die Frage geklärt werden, ob die Prämissen des Arguments wahr sind.

Nun wissen wir, was ein Argument ist. Wenn wir mit dieser Begriffsbestimmung an konkrete Texte oder Redebeiträge herantreten, stoßen wir unmittelbar auf die beiden ersten Kernfragen der Argumentanalyse:

(1) An welcher Stelle wird überhaupt argumentiert?
(2) Wenn ein Argument erkannt ist: Was besagt es genau? Welche Konklusion soll mit welchen Prämissen begründet werden?

Betrachten wir diese Fragen noch etwas genauer:

Zu (1): An welcher Stelle, also in welchem Redebeitrag oder Textstück, wird überhaupt argumentiert? Bei der Beantwortung dieser Frage geht es darum, argumentierende Passagen als solche zu erkennen und von Passagen zu unterscheiden, die andere Funktionen erfüllen. Oft lässt sich das bereits an einschlägigen Formulierungen ablesen, etwa an Wendungen wie ›weil‹, ›also‹, ›deshalb‹, ›das zeigt‹, ›damit habe ich begründet, dass‹, ›daraus folgt‹ oder ›das ist ein Grund für‹.

Solche Formulierungen kann man »Argumentations-Anzeiger« nennen.[6] Doch können auch andere Dinge zeigen, dass argumentiert und begründet wird, etwa die Struktur und Dramaturgie eines Textstücks oder Redebeitrags und dessen Einbettung in den Kontext eines Gesprächs, eines Diskurses oder eines längeren Texts.

Auch bei den gerade erwähnten Beispielformulierungen ist der Kontext wichtig, denn diese können einerseits auch lose verwendet werden, ganz ohne dass eine echte Argumentation im Spiel wäre, und andererseits können manche von ihnen auch etwas anderes anzeigen. So deutet zum Beispiel das ›weil‹ in manchen Aussagen weniger auf Begründungszusammenhänge hin, sondern vielmehr auf Ursachen – »Ina verletzte sich, weil sie stolperte« – oder auf Motive – »Jan rief seine Großmutter an, weil er ihr eine Freude machen wollte«.

Zu (2): Was besagt das Argument genau? Also: Welche Konklusion soll mit welchen Prämissen wie begründet werden? Bei der Beantwortung dieser Frage geht es um den Inhalt und den Aufbau des Arguments. Die beste Möglichkeit, sich dies klarzumachen, besteht darin, die Konklusion und die Prämissen in eigenen Worten vollständig zu formulieren. Ein Argument auf diese Weise als den Begründungszusammenhang zwischen genau diesen Aussagen erneut zusammenzufügen, nennt man ei-

6 Vgl. etwa Brun/Hirsch Hadorn 2014, S. 212 f.

ne Rekonstruktion eines Arguments. Was das genau bedeutet, werden wir im Verlauf dieses Kapitels entwickeln.

Eine Argumentrekonstruktion ist nichts anderes als ein Interpretationsvorschlag für eine bestimmte Passage aus einem Redebeitrag oder einem Text, ein Interpretationsvorschlag, der den Anspruch ernst nimmt, dass hier ein Argument formuliert werden soll, und der versucht, den Gehalt und die Struktur dieses Arguments so klar und verständlich wie irgend möglich darzustellen.

Dort, wo es um Interpretationen und ihren Ausdruck geht, sind natürlich eine Reihe von Kenntnissen und Fähigkeiten im Spiel, insbesondere, die betreffende Sprache verstehen und sich selbst treffend ausdrücken zu können. Natürlich verfügen wir bereits alle über solche Fähigkeiten. Beim Rekonstruieren von Argumenten kommt es jedoch darauf an, diese Fähigkeiten zu ergänzen, zu vertiefen und zu verfeinern. Davon handelt dieses Kapitel.

Aufgabe

Woran kann man erkennen, dass in der folgenden Passage aus der Einleitung zu Thomas Nagels *Was bedeutet das alles?* argumentiert wird? Wie könnte man die Konklusion des enthaltenen Arguments in eigenen Worten formulieren? Und womit wird die Konklusion begründet?

»Über diese Probleme wird seit tausenden von Jahren geschrieben, doch das philosophische Rohmaterial stammt unmittelbar von der Welt und unserer Beziehung zu ihr, und nicht von irgendwelchen Schriften der Vergangenheit. Das ist auch der Grund, warum sich diese Fragen immer und immer wieder von neuem in den Köpfen von Menschen stellen, die nichts über sie gelesen haben.«[7]

7 Nagel 2012, S. 7.

1.2 Erste Argumentrekonstruktionen

Wenden wir uns nun konkreten Beispielen zu: Wie kann eine solche Rekonstruktion eines Arguments aus einer Textpassage konkret aussehen? Sehen wir uns dazu zwei Passagen direkt zu Beginn des zweiten Kapitels »Woher wissen wir etwas?« an. Dabei handelt es sich um Argumente, die aus der Perspektive des erkenntnistheoretischen Skeptizismus formuliert werden, also aus einer Position, die die Möglichkeit bestimmter Formen von Erkenntnis bezweifelt.

Nagel beginnt mit der folgenden Passage, in der einzig längere Listen von Beispielen ausgelassen sind:

> Wenn man recht darüber nachdenkt, so kann man sich nur über das Innere seines eigenen Bewusstseins ganz sicher sein.
>
> Was auch immer man glaubt [...], es gründet sich auf die eigenen Erlebnisse und Gedanken, Gefühle und Sinneseindrücke. Das ist alles, wonach man sich unmittelbar richtet [...]. Alles andere ist weiter von uns weg als unsere inneren Erlebnisse und Gedanken und erreicht uns nur durch sie.
>
> Für gewöhnlich zweifeln wir nicht an der Existenz [der Dinge, von denen unsere Sinneseindrücke handeln] [...]. Ja, die meiste Zeit denken wir noch nicht einmal an die psychischen Zustände, die uns diese Dinge wahrnehmen lassen, sondern scheinen die Welt direkt wahrzunehmen. Woher wissen wir jedoch, ob es diese Dinge auch wirklich gibt? Wäre es denn anders für uns, wenn sie nur in unserem Bewusstsein existierten [...]?[8]

8 Nagel 2012, S. 12.

Beginnen wir mit dem ersten Satz: Hier macht das Wörtchen »nur« deutlich, dass dieser Satz im Grunde zwei Aussagen enthält. Einerseits *kann* man sich über das Innere des eigenen Bewusstseins sicher sein. Andererseits kann man sich über alles andere *nicht* sicher sein. Nur diese zweite Aussage wird in den nächsten Absätzen begründet. Das lässt sich auch ohne explizite Argumentations-Anzeiger wie ›also‹ oder ›weil‹ unmittelbar am inhaltlichen Aufbau des Texts erkennen.

Der erste Absatz führt die These aus: »Was auch immer man glaubt« – also jede unserer Überzeugungen – beruht auf Sinneseindrücken. Hier werden zwar auch »Erlebnisse«, »Gedanken« und »Gefühle« genannt, da aber später ja nur noch von Wahrnehmungen die Rede sein wird, genügt hier die Formulierung »gründet sich auf Sinneseindrücken«.

Doch halt! Wirklich »was auch immer man glaubt«? Im Kontext dieser sonst sehr starken Formulierung und im Lichte der genannten Beispiele ist schnell klar, dass es hier gerade nicht um Überzeugungen »über das Innere seines eigenen Bewusstseins« gehen soll. Man sollte also wohlwollend präzisieren: »Unsere Überzeugungen über die Außenwelt beruhen auf Sinneseindrücken.«

Der dann folgende zweite Absatz fragt rhetorisch: Was wäre für unser Empfinden denn anders, wenn all dies falsch wäre? Dadurch soll die Aussage plausibel gemacht werden, dass uns die Sinne durchaus täuschen können. Anders gesagt: Etwas, das auf Sinneseindrücken beruht, kann auch falsch sein. Dessen kann man sich also eben nicht sicher sein.

Diese Interpretationsergebnisse lassen sich wie folgt als eine Argumentrekonstruktion übersichtlich darstellen:

Rekonstruktion 1

P1. Unsere Überzeugungen über die Außenwelt beruhen auf Sinneseindrücken.
P2. Alles, was auf Sinneseindrücken beruht, könnte falsch sein.
———
K. Unsere Überzeugungen über die Außenwelt könnten falsch sein.

Diese bewährte Form zur Darstellung von Argumentrekonstruktionen, d. h. der Ergebnisse von Interpretationsprozessen von Argumenten, bezeichnet man als ›Standarddarstellung‹ oder ›Standardform‹. Was das in allen Details bedeutet, wird in 2.4 herausgearbeitet. Für den Moment genügt das Folgende:

> Vorläufige Definition: Eine **Standarddarstellung** (oder Standardform) einer Argumentrekonstruktion ist eine Liste von Aussagen, deren Aufzählungszeichen passende Kürzel sind: »K.« steht für die Konklusion am Ende und darüber »P1.«, »P2.« usw. für die fortlaufend nummerierten Prämissen. Prämissen und die Konklusion trennt ein Querstrich, der den Begründungs- oder Schlussschritt anzeigt. Die Reihenfolge der Prämissen ist gleichgültig.

Versuchen wir eine solche Rekonstruktion in Standarddarstellung auch gleich in einem weiteren Fall. Im ersten Beispiel haben wir ein längeres Textstück interpretiert und eine deutlich kürzere Rekonstruktion des in diesem Textstück formulierten Arguments erhalten. Doch diese Längenverhältnisse können auch genau andersherum sein. Zwei Seiten später schreibt Nagel:

> So ist es sogar möglich, dass wir einen Körper oder ein Gehirn gar nicht haben – schließlich kommt es zu unserem Glauben hieran gleichfalls nur durch das Zeugnis unserer Sinne.[9]

Anders als im ersten Beispiel findet sich hier ein direkter Argumentations-Anzeiger: Das Wort »schließlich« macht explizit deutlich, dass die Aussage vor ihm durch die Aussage nach ihm begründet werden soll. Doch wie genau soll diese Begründung aussehen? Es scheint, als hätten wir schlicht eine Prämisse und eine Konklusion:

P. Dass wir einen Körper oder ein Gehirn haben, glauben wir nur aufgrund unserer Sinneswahrnehmung.
K. Es könnte falsch sein, dass wir einen Körper oder ein Gehirn haben.

Den Übergang von dieser Prämisse zur Konklusion versteht man jedoch dann deutlich besser, wenn man den größeren Kontext dieser Passage einbezieht, aus dem wir ja gerade bereits ein Argument rekonstruiert haben. Und Nagel zeigt durch das erste Wort »So« sogar deutlich an, dass dieses Argument an Überlegungen anschließt, die vorher bereits ausgeführt waren. Doch wie genau lässt sich dieser Übergang in einer Argumentrekonstruktion darstellen?

An dieser Stelle geht Nagel offenbar davon aus, dass uns beim Lesen der kurzen Passage eine weitere Aussage einschlägig bekannt ist. Sie wird zwar nicht explizit genannt, ist aber dennoch für die Begründung der Konklusion wichtig. Und in der Tat bieten die erste Prämisse und die Konklusion bereits einen wichtigen Anhaltspunkt dafür, wie diese Prämisse aus-

9 Nagel 2012, S. 14.

sehen müsste: In beiden Thesen wird nämlich von der Aussage gesprochen, dass wir einen Körper oder ein Gehirn haben. Die Prämisse besagt, dass wir diese Aussage nur aufgrund unserer Sinneswahrnehmung glauben. Die Konklusion besagt, dass sie auch falsch sein könnte. Was also offenbar fehlt, ist die These, dass etwas, das wir nur aufgrund unserer Sinneswahrnehmung glauben, auch falsch sein könnte. Diese These wird hier zwar gar nicht genannt, aber so oder so ähnlich bereits vorher formuliert: P2 in Rekonstruktion 1 entspricht dieser These fast genau.

Damit sind wir bei dem folgenden Ergebnis angelangt:

Rekonstruktion 2

P1. Dass wir einen Körper oder ein Gehirn haben, glauben wir nur aufgrund unserer Sinneswahrnehmung.
P2. Alles, was wir nur aufgrund unserer Sinneswahrnehmung glauben, könnte falsch sein.

———

K. Dass wir einen Körper oder ein Gehirn haben, könnte falsch sein.

Für Prämissen wie P2 in diesem Argument gibt es übrigens eine feststehende Bezeichnung:

Eine nicht explizit genannte Prämisse nennt man eine **implizite Prämisse**, und ein Argument, in dem nicht alle Prämissen explizit genannt sind, nennt man ein **Enthymem**.

Es gehört zum Alltag unseres Argumentierens, dass gelegentlich relevante Aussagen als selbstverständlich vorausgesetzt und gar nicht erwähnt werden, dass sie erst an anderen Stellen des Texts oder des Gesprächs zu finden sind oder auch schlicht unklar oder unvollständig ausformuliert werden. Das ist auch im Regelfall völlig unproblematisch, ja sogar wichtig, damit wir einander nicht mit unnötigen Wiederholungen von längst Etabliertem langweilen. Doch bei der Rekonstruktion von Argumenten darf man es dabei nicht bewenden lassen. Hier geht es ja darum, Argumente genau und kritisch prüfen zu können. Deswegen muss alles potentiell Kontroverse tatsächlich offen auf dem Tisch liegen und zum Gegenstand der Diskussion gemacht werden können. Wenn eine auf diese Weise explizit gemachte vormals implizite Prämisse in der Sache ganz unproblematisch ist: umso besser. Doch kann es ebenso gut passieren, dass sich eine solche zunächst implizite Prämisse als besonders kontrovers herausstellt. In 1.4 werden wir das genauer betrachten, sogar am Beispiel von Rekonstruktion 2.

So weit zunächst unsere ersten Interpretationsarbeiten und Argumentrekonstruktionen. Was ist von den beiden so rekonstruierten Argumenten zu halten? Und wie und nach welchen Kriterien kann man Argumente überhaupt bewerten bzw. evaluieren? Um uns einer möglichen Beantwortung dieser Fragen zu nähern, werden wir nun zunächst die Evaluation von Argumenten im Allgemeinen besprechen, ehe wir in 1.4 unseren Blick auf die Beziehungen zwischen diesen und anderen Argumenten richten.

Aufgabe

Betrachten Sie erneut die in der Aufgabe zu 1.1 behandelte Passage. Wie könnte man das darin enthaltene Argument in Standardform rekonstruieren? Ergänzen Sie dabei gegebenenfalls eine implizite Prämisse, die hier plausiblerweise unterstellt werden kann.

1.3 Evaluation und Gültigkeit von Argumenten

Wir hatten festgehalten: Ein Argument besagt, dass die Konklusion wahr ist, weil die Prämissen wahr sind – so dass man die Konklusion akzeptieren sollte, sofern man die Prämissen akzeptiert. Darin besteht eine zentrale Funktion von Argumenten: Ob eine potentiell strittige Aussage wahr ist oder nicht, soll dadurch geklärt werden, dass andere Aussagen, die idealerweise weniger strittig sind, zur Begründung als Prämissen herangezogen werden. Bei der Beantwortung der Frage, wie gut das gelingt, werden der Gehalt und die Evaluation eines Arguments manchmal umgangssprachlich miteinander vermischt. Dann heißt es »Das ist doch kein Argument!« oder »Das ist noch lange kein Grund!« Wir müssen jedoch den Gehalt und die Evaluation von Argumenten klarer voneinander trennen.

Sollte also in Form einer Rekonstruktion klar geworden sein, was ein bestimmtes Argument genau besagt, können wir zwei Fragen stellen, die gleichsam die Kerndimension der Evaluation von Argumenten ausmachen:

(1) Sind die Prämissen des Arguments tatsächlich wahr oder zumindest gut begründet?
(2) Gelingt die Begründung der Konklusion durch diese Prämissen?

Die erste dieser Fragen kann man nicht allein am grünen Tisch der Logik und Argumentationstheorie entscheiden. Hier geht es um eine inhaltliche Diskussion des betreffenden Themas: Am Beispiel von Rekonstruktion 1: Ob unsere Überzeugungen über die Außenwelt tatsächlich alle auf Sinneseindrücken beruhen (P1) und ob tatsächlich alles, was auf Sinneseindrücken beruht, auch falsch sein könnte (P2), kann man mit Gründen und Gegengründen diskutieren.

Dies beeinflusst natürlich auch die zweite Frage danach, wie eine Begründung gelingt, nämlich dann, wenn gemeint sein soll, dass die Konklusion tatsächlich bewiesen wurde, oder dass jemand tatsächlich durch das Argument von der Konklusion überzeugt werden konnte. Denn wer eine der Prämissen eines Arguments ablehnt, wird auf diese Weise natürlich nicht zu dem Schluss gelangen, auch die Konklusion zu akzeptieren.

Doch die zweite Frage hat auch einen anderen Sinn:

(2') Gelingt das Argument in dem Sinne, dass die Prämissen – unabhängig davon, ob man sie tatsächlich akzeptiert oder nicht – die Konklusion tatsächlich erfolgreich stützen?

Das ist eine, wenn nicht gar *die* zentrale Frage der Argumentationstheorie. Und unter der Voraussetzung, dass der genannte Erfolg der Stützungsbeziehung ganz unbestreitbar sein soll, können wir eine besonders wichtige Variante dieser Frage formulieren, die letztlich die Kernfrage der Logik ist:

(2*) Wann folgt die Konklusion tatsächlich aus den Prämissen eines Arguments?

An dieser Stelle kommt ein zentraler Begriff der logischen Argumentanalyse ins Spiel:

Gültigkeit: Ein Argument ist gültig genau dann, wenn die Konklusion aus den Prämissen folgt, also wenn gilt: Wenn die Prämissen wahr sind, dann muss die Konklusion ebenfalls wahr sein. Anders gesagt: Wenn die Prämissen wahr sind, dann ist die Konklusion mit logischer Notwendigkeit ebenfalls wahr.

Dass ein Argument gültig ist, bedeutet also nichts anderes als: Die Prämissen garantieren, dass die Konklusion ebenfalls wahr ist. Es ist logisch unmöglich, dass die Konklusion falsch ist, wenn die Prämissen wahr sind. In diesem Zusammenhang kommt es also allein auf den Zusammenhang zwischen den Prämissen und der Konklusion an. Das bedeutet: Auch wenn die Prämissen und die Konklusion alle wahr sind, steht noch nicht fest, dass das Argument gültig ist – etwa dann, wenn die Aussagen gar nichts miteinander zu tun haben. Erst und genau dann, wenn die Prämissen mit logischer Notwendigkeit zur Konklusion führen, ist das Argument gültig.

Was man hier genauer unter logischer Notwendigkeit oder Unmöglichkeit verstehen soll, werden wir in Kapitel 2 behandeln. Doch bereits jetzt lässt sich festhalten, dass Gültigkeit ein zentrales Qualitätsmerkmal für Argumente ausmacht: In der Frage danach, wie stark eine Begründung eines Arguments ist, also darin, wie erfolgreich die Prämissen die Konklusion tatsächlich begründen, stellt Gültigkeit den Optimalfall dar – man könnte sagen: den Goldstandard.

Doch nicht jedes gültige Argument ist allein deswegen auch bereits ein gutes oder überzeugendes Argument. Das zeigt sich schon allein daran, dass ein gültiges Argument auch falsche Prämissen haben kann. Je alberner das Beispiel ist, desto leichter lässt sich das erkennen: »Aristoteles ist ein Quadrat. Alle Quadrate sind Vierecke. Also ist Aristoteles ein Viereck.« Es gibt sogar gültige Argumente mit falschen Prämissen und dennoch wahren Konklusionen, wie etwa: »Platon ist ein Dreieck. Alle Dreiecke sind Philosophen. Also ist Platon ein Philosoph.«

Gültigkeit garantiert also keine guten Argumente, sondern nur eins: dass die Konklusion wahr sein muss, falls die Prämissen wahr sind. Und das gilt auch umgekehrt: Ein gutes Argument ist nicht zwangsläufig ein gültiges Argument. Im Ausblick am Ende dieses Buchs kommen wir auf dieses Thema zurück. Zunächst werden wir uns im Zusammenhang mit der Evaluation von Argumenten vor allem auf die Beantwortung der Frage konzentrieren, ob sie gültig sind oder nicht, was das genau bedeutet, und wie man es erkennen kann.

Neben dem zentralen Begriff der Gültigkeit wird in der Argumentanalyse auch ein verwandter Begriff häufig verwendet:

> **Schlüssigkeit**: Genau dann, wenn ein Argument nicht nur gültig ist, sondern auch alle seine Prämissen – und demzufolge auch seine Konklusion – wahr sind, nennt man das Argument ›schlüssig‹, manchmal auch ›stichhaltig‹, ›beweiskräftig‹ oder sogar einen ›Beweis‹.

Wie wir sehen werden, lässt sich am grünen Tisch der Logik und Argumentationstheorie entscheiden, ob ein Argument gültig ist. Eine solche Entscheidung leistet einen wichtigen Beitrag zu konstruktiven, inhaltlichen Debatten. Ob ein Argument jedoch darüber hinaus auch wahre Prämissen besitzt, ist immer eine inhaltliche Frage, und hier gehen die Meinungen oft auseinander. Wenn ein Argument also als ›schlüssig‹, ›stichhaltig‹, ›beweiskräftig‹ oder sogar emphatisch als ›Beweis‹ bezeichnet wird, sollte man das so verstehen: Es wird behauptet, dass das Argument gültig ist und dass zudem alle Prämissen wahr sind. Und beides lässt sich kritisch überprüfen.

Für das, was wir mit ›Schlüssigkeit‹ bezeichnet haben, nämlich gültige Argumente mit nur wahren Prämissen, gibt es im Deutschen keinen universell etablierten Terminus. In Bezug auf den wichtigeren Begriff der Gültigkeit besteht jedoch große Einigkeit und wir schließen uns der mehrheitlich verwendeten Terminologie an. Wer aber beispielsweise mit verschiedenen Büchern arbeitet, sollte sicherheitshalber kurz überprüfen, welche Begriffe wie verwendet werden, um Missverständnisse zu vermeiden.[10]

Es ist wichtig zu betonen, dass wir es bei Gültigkeit und Schlüssigkeit mit *Fachbegriffen* zu tun haben. Denn dass ein Argument gültig ist, bedeutet nicht, dass es in einem umgangssprachlichen Sinne auch gilt, also rundherum richtig ist. Gültige Argumente können ja auch falsche Prämissen haben. Und ein Argument schlüssig zu nennen, ist nicht gleichbedeutend mit der Aussage, dass es in sich schlüssig ist. Denn mit dieser Wendung meint man ja eigentlich, dass das Argument *intern* gelingt, also die Prämissen die Konklusion begründen. Und das bedeutet höchstens, dass das Argument *gültig* ist, und natürlich noch nicht, dass auch alle seine Prämissen wahr sind, so dass es tatsächlich schlüssig wäre.

Wir haben gesehen, dass in der Frage der Begründungskraft von Argumenten der Goldstandard in gültigen Argumenten liegt, also in Argumenten, bei denen die Konklusion schlicht wahr sein muss, falls die Prämissen ebenfalls wahr sind. In Kapitel 2 werden wir die Frage zu beantworten versuchen, wie man die Gültigkeit von Argumenten prüfen kann, und dies unabhängig von der Frage, welche Prämissen tatsächlich wahr sind. Vorher werden wir jedoch noch zwei weitere wichtige Aspekte der Evaluation von Argumenten behandeln, nämlich einerseits den Zusammenhang der Evaluation von Argumenten mit Kontroversen und Argumentbeziehungen (1.4) sowie andererseits

10 Anstelle von »Schlüssigkeit« findet sich »Stichhaltigkeit« etwa bei Pfister (2013) und Brun/Hirsch Hadorn (2014), »Beweiskräftigkeit« etwa bei Strobach (2011) und »Beweis« etwa bei Gabriel (2013). Anstelle von »Gültigkeit« findet sich »Schlüssigkeit« meines Wissens nur bei Tetens (2006) und Gabriel (2013), bei Tetens auch »Schlüssigkeit« statt »Gültigkeit«, jeweils begründet durch die Assoziationen, die diese Wörter umgangssprachlich auslösen (vgl. Tetens 2006, S. 24, 304).

die wichtige Rolle der Evaluation von Argumenten für die Frage ihrer angemessenen Rekonstruktion (1.5).

Aufgabe

Untersuchen Sie die drei folgenden Argumente und beantworten Sie: Sind sie gültig oder nicht? Und sind sie schlüssig oder nicht?

(1) »Alle Personen müssen geachtet werden. Ana ist eine Person. Also: Ana muss geachtet werden.«
(2) »Alle Blumen haben Blüten. Alle Rosen haben Blüten. Also: Alle Rosen sind Blumen.«
(3) »Alle Wale sind Fische. Alle Fische leben im Wasser. Also: Alle Wale leben im Wasser.«

1.4 Kontroversen und Argumentbeziehungen

Ein Argument kommt selten allein. Argumente sind immer auch Versuche, einen Beitrag zur Klärung einer bestimmten Frage oder eines bestimmten Problems zu liefern. Sie sind Teile von Debatten und Kontroversen, in denen sie einander unterstützen oder kritisieren können. Dies ist natürlich selbst bereits mit der Evaluation von Argumenten verbunden. Schließlich kann man die Güte eines Arguments unter anderem dadurch herausstellen, dass man die Wahrheit seiner Prämissen nicht nur akzeptiert, sondern ihrerseits aufzeigt, wie gut sie begründet sind. Oder man kann ein Argument ablehnen, indem man nicht nur eine seiner Prämissen zurückweist, sondern auch Argumente nennt, die gegen die betreffende Prämisse sprechen. Um solche Argumentbeziehungen soll es im folgenden Abschnitt gehen.

Ein erstes Beispiel für eine einfache Beziehung zwischen Argumenten haben wir bereits in 1.2 kennengelernt. Eine der Prämissen in Rekonstruktion 1 gleicht einer der Prämissen in Rekonstruktion 2 fast bis aufs Haar. Die Formulierungen, die wir bisher gewählt hatten, lauten:

(a) Alles, was auf Sinneseindrücken beruht, könnte falsch sein. (aus Rekonstruktion 1)
(b) Alles, was wir nur aufgrund unserer Sinneswahrnehmung glauben, könnte falsch sein. (aus Rekonstruktion 2)

Doch ist die Bedeutung dieser beiden Aussagen wirklich genau gleich? Natürlich ist sie das nicht. Selbst wenn wir annehmen, dass die Rede von Sinneseindrücken und von Sinneswahrnehmung auf dasselbe hinausläuft, bleiben zwei wichtige Unterschiede bestehen:

(1) Stichwort ›nur‹: Geht es um etwas, das allein auf Sinneswahrnehmung beruht (b), oder um etwas, das auf Sinneswahrnehmung und vielleicht auch auf etwas anderem beruht (a)? Immerhin glauben wir ja manches aufgrund einer Mischung von Sinneswahrnehmung und anderen Faktoren, etwa vernünftigem Nachdenken oder sozialer Prägung.
(2) Geht es nur um Dinge, die man aufgrund von Sinneswahrnehmung glaubt (b), oder generell um irgendetwas, das auf Sinneswahrnehmung beruht, unabhängig davon, um was es sich genau handelt (a)? Der sich beim Anblick von verschimmelten Lebensmitteln einstellende Ekel beruht ja schließlich ebenfalls auf Sinneswahrnehmungen, scheint selbst aber keine Überzeugung auszumachen.

Prüfen wir diese beiden Unterscheidungen im Kontext des ganzen Kapitels »Woher wissen wir etwas?«, stellt sich schnell heraus, dass die etwas engere und präzisere Lesart in (b) das besser trifft, um das es in der Diskussion geht. Denn einerseits ist im Zusammenhang mit der Frage, was wir wissen können, immer nur von Dingen die Rede, die man glaubt, also von Überzeugungen, die wahr oder falsch sein können. Und andererseits geht es in diesen Passagen tatsächlich nur darum, was allein auf Sinneswahrnehmung beruht. Das wird auch bei dem in Rekonstruktion 1 interpretierten Argument bereits angedeutet, nämlich im letzten Satz der auch zu Beginn von 1.2 zitierten Passage, in dem es über die Sinneswahrnehmung heißt, sie sei »alles, wonach man sich unmittelbar richtet«.[11]

Im Lichte dieser Überlegungen lohnt es sich, Rekonstruktion 1 noch einmal ein Stückchen weg vom genauen Wortlaut in der Textpassage, dafür aber näher an dem, was im Diskussionskontext als das eigentliche Thema erkennbar wird, zu überarbeiten und anzupassen. In 1.5 werden wir diesen und weitere Gesichtspunkte bei der Rekonstruktion von Argumenten auch noch einmal allgemeiner thematisieren. Für das aktuelle Thema genügt es, P2 wie angedeutet zu überarbeiten und daher auch die Formulierung in P1 anzupassen, so dass das Zusammenspiel der beiden Prämissen weiterhin klar die Konklusion stützt. Das Ergebnis liest sich dann wie folgt:

Rekonstruktion 3: Überarbeitung von Rekonstruktion 1

P1. Alles, was wir über die Außenwelt glauben, glauben wir nur aufgrund unserer Sinneswahrnehmung.
P2. Alles, was wir nur aufgrund unserer Sinneswahrnehmung glauben, könnte falsch sein.

———

K. Alles, was wir über die Außenwelt glauben, könnte falsch sein.

11 Nagel 2012, S. 12.

Mit Blick auf die gesamte Diskussion zeigt diese Überarbeitung nun genau, wie zentral diejenige These in Wahrheit ist, die in beiden Argumenten als Prämisse vorkommt – und in der Textgrundlage des einen Arguments sogar nur eine implizite Prämisse blieb. Oft lohnt es sich, solchen zentralen Thesen einen eigenen Namen zu geben, um sich leichter auf sie beziehen zu können, hier vielleicht ›die Sinnestäuschungsthese‹.

Für eine Orientierung in der Diskussion ist es sehr wertvoll, solche Zusammenhänge zu erkennen. Das ist auch und gerade dann der Fall, wenn wir die Frage, wie überzeugend diese Argumente sind, vor allem dadurch diskutieren, dass wir uns fragen, wie plausibel ihre Prämissen sind. Denn nun zeigt sich, dass man in einem Schritt beide Argumente dadurch stützen kann, dass man diese eine Prämisse ihrerseits begründet. Ähnlich kann man beide Argumente gleichzeitig kritisieren, wenn man ein Argument gegen diese eine geteilte Prämisse vorbringt.

In der Tat findet sich ein Beispiel für eine solche Stützung der Sinnestäuschungsthese bereits in verschiedenen Formulierungen im Text selbst, so etwa hier:

> Ja, die meiste Zeit denken wir noch nicht einmal an die psychischen Zustände, die uns diese Dinge wahrnehmen lassen, sondern scheinen die Welt direkt wahrzunehmen. Woher wissen wir jedoch, ob es diese Dinge auch wirklich gibt? Wäre es denn anders für uns, wenn sie nur in unserem Bewusstsein existierten – wenn all das, was wir dort draußen für die wirkliche Welt hielten, nichts als eine gigantische Halluzination oder ein Traum wäre, aus dem wir niemals aufwachen werden?[12]

> Könnten aber nicht unsere Erlebnisse insgesamt einem gigantischen Traum gleichen, außerhalb dessen es eine Au-

12 Nagel 2012, S. 12.

ßenwelt gar nicht gibt? Wie können wir denn wissen, dass es sich nicht genauso verhält?[13]

Die Überlegungen hinter diesen rhetorischen Fragen sind klar: Wir können nicht ausschließen, dass alles das, was uns die Sinneswahrnehmung vermittelt, nur geträumt ist. Träume entsprechen nicht der Realität, so dass die geträumten Inhalte natürlich nicht wirklich wahr sind. Daher gilt auch, dass das, was vielleicht nur ein Traum ist, in der Tat falsch sein könnte. Wir haben also gute Gründe dafür, diese Passagen so zu interpretieren, dass hinter den rhetorischen Fragen ein eigenes Argument steckt – und zwar eines, das die beiden zuvor rekonstruierten Argumente stützt. Wenn wir dieses neue Argument seinerseits so rekonstruieren, dass die Stützungsbeziehung klar erkennbar wird, könnte es folgendermaßen aussehen:

Rekonstruktion 4

P1. Alles, was wir nur aufgrund unserer Sinneswahrnehmung glauben, ist vielleicht nur ein Traum.
P2. Alles, was vielleicht nur ein Traum ist, könnte falsch sein.

———

K. Alles, was wir nur aufgrund unserer Sinneswahrnehmung glauben, könnte falsch sein.

Eine Stützung stellt eine der beiden wichtigsten Beziehungen dar, die zwischen Argumenten bestehen können.[14] Sie lässt sich so definieren:

13 Nagel 2012, S. 13.
14 Ich folge hier Gregor Betz, spreche aber von »Argumentbeziehungen« anstelle von »dialektischen Beziehungen« (vgl. Betz 2016 und Betz 2020).

Stützung: Ein Argument stützt ein anderes Argument genau dann, wenn die Konklusion des stützenden Arguments exakt einer der Prämissen des gestützten Arguments entspricht.

Wir können also festhalten, dass Rekonstruktion 4 die beiden Rekonstruktionen 2 und 3 stützt. Genau genommen stützt natürlich das Argument in der einen Rekonstruktion die beiden Argumente in den anderen Rekonstruktionen. Doch können wir das Wort ›Rekonstruktion‹ gelegentlich auch für das auf diese Weise verstandene und dargestellte Argument verwenden.

Bei mehreren Argumenten, die einander stützen, spricht man manchmal mit Bezug auf das Ganze auch von einer Argumentation im Gegensatz zu einzelnen Argumenten. Doch ist es zum Teil auch eine Frage der Darstellung, ob und wo man eine Grenze zwischen zwei einzelnen Argumenten mit Stützungsverhältnis auf der einen Seite oder einem einzigen, dann aber längeren Argument auf der anderen Seite ziehen möchte. Mit Blick auf die obigen Rekonstruktionen wird deutlich, dass in Rekonstruktion 4 zwei verschiedene Argumente gestützt werden, nämlich die Argumente in den Rekonstruktionen 2 und 3. Lassen wir jedoch Rekonstruktion 2 weg, könnte man die Rekonstruktionen 3 und 4 auch zusammenführen:

Rekonstruktion 5: Kombination von Rekonstruktionen 3 und 4

P1. Alles, was wir nur aufgrund unserer Sinneswahrnehmung glauben, ist vielleicht nur ein Traum.
P2. Alles, was vielleicht nur ein Traum ist, könnte falsch sein.

Z. Alles, was wir nur aufgrund unserer Sinneswahrnehmung glauben, könnte falsch sein.

P3. Alles, was wir über die Außenwelt glauben, glauben wir nur aufgrund unserer Sinneswahrnehmung.

K. Alles, was wir über die Außenwelt glauben, könnte falsch sein.

Da in dieser Rekonstruktion zwei separate Schlussschritte aufeinander erfolgen, muss die zunächst erschlossene Sinnestäuschungsthese, die im Folgenden ihrerseits wieder dazu dient, die Konklusion zu begründen, entsprechend gekennzeichnet werden. Sie ist in dieser Rekonstruktion weder eine Prämisse noch die Konklusion, sondern eine Zwischenkonklusion. Daher verwenden wir für sie das neue Kürzel »Z.« und ergänzen damit die vorläufige Definition der Standarddarstellung aus 1.2. Insgesamt enthält Rekonstruktion 5 also genau dieselben Informationen wie die bisherige Darstellung, die in Rekonstruktionen 3 und 4 aufgeteilt war.

Neben Stützungsbeziehungen gibt es eine zweite Art von besonders wichtigen Argumentbeziehungen:

> **Angriff**: Ein Argument greift ein anderes Argument genau dann an, wenn die Konklusion des angreifenden Arguments exakt der Verneinung einer der Prämissen des angegriffenen Arguments entspricht. (Sollte es sich bei der angegriffenen Prämisse selbst bereits um eine verneinte Aussage handeln, erfordert ein Angriff aber nicht zwingend eine doppelt verneinte Aussage. Die unverneinte Behauptung der in der Prämisse verneinten Aussage ist genauso geeignet.)

Da wir hier den etablierten Namen ›Angriff‹ übernehmen, ist es wichtig, sich auch mit den schon fast kriegerischen Assoziationen zu beschäftigen, die diese Metapher hervorruft. In 1.1

hatten wir ja bereits erläutert, welches problematisch antagonistische Bild von Diskussionen durch eine solche Begriffswahl gezeichnet wird. Doch im Lichte unserer Begriffsbestimmung können wir diese Sorgen nun auch besser einordnen. Denn es ist ja ganz genau im Sinne einer konstruktiven, an gemeinsamer Erkenntnis orientierten Diskussion, dass inhaltlich über Argumente und Thesen diskutiert wird, dass eine Position oder Aussage in diesem Sinne also angegriffen oder verteidigt wird.

Problematisch wäre es, dies auf Personen zu übertragen. Manche Redeweisen können das zwar nahelegen – besonders dann, wenn Namen von Menschen als Abkürzung für Namen von inhaltlichen Positionen verwendet werden (»Das ist ein Angriff auf Hannah Arendt!«). Doch soll es hier ausschließlich um die Inhalte gehen. Vielleicht ist es dabei sogar fast egal, wie man genau redet – mit Betonung auf dem ›fast‹, weil man die potentiell problematischen Assoziationen ja zumindest erkennen und deutlich zurückweisen muss. Noch besser wäre es natürlich, solche Ausdrucksweisen, wo immer dies möglich ist, ganz aufzugeben. Denn dann ist immer auch im sprachlichen Ausdruck sichtbar, dass es um Inhalte geht und dass wir nach Erkenntnis suchen.

Doch werden natürlich manchmal auch Personen kritisiert. Dafür hat sich eine eigene Bezeichnung etabliert:

> **Kritik *ad hominem***: Eine Kritik ist genau dann *ad hominem*, wenn sie nicht die inhaltlichen Aussagen und Argumente einer Person zum Thema hat, sondern die Person selbst kritisiert und sie etwa als inkompetent, unwissend oder unehrlich bezeichnet.

Eine solche Kritik ist oft verführerisch. Auch mit den besten Absichten kann man leicht in die Falle tappen, Personen statt

Inhalte zu kritisieren. Zudem lassen sich natürlich leicht Beispiele finden, bei denen eine Kritik der Person, ihrer Kompetenzen oder ihres Charakters durchaus angemessen zu sein scheint. Doch besteht auch hier die Gefahr, dass aus einer konstruktiven, inhaltlichen Diskussion doch wieder ein bloßer Streit wird, in dem es allein um Macht und darum geht, sich durchzusetzen. Und selbst dann, wenn eine Kritik *ad hominem* in ihrer höflichsten und konstruktivsten Form vorgebracht wird – etwa: »Dass Sie das behaupten, überzeugt mich alleine noch nicht« – trägt sie wenig zum konstruktiven Fortgang des Gesprächs bei. Mit einer Kritik *ad hominem* hat man nämlich noch gar nichts über die Aussage gelernt, um die es gerade geht. Ob die tatsächlich wahr oder falsch ist, lässt sich nur anhand inhaltlicher Gründe wirklich sinnvoll diskutieren.

Doch nun endlich vom Etikett ›Angriff‹ zurück zur Argumentbeziehung Angriff, also der Begründung der Falschheit einer Prämisse eines anderen Arguments. Wir haben bereits gesehen, dass die Sinnestäuschungsthese in Nagels Text explizit gestützt wird. Doch wird sie auch angegriffen?

Eine entsprechende Textpassage findet sich ein paar Seiten später:

> Es gibt aber eine ganz andere Reaktion auf unser Problem. Einige Leute würden behaupten, dass ein radikaler Skeptizismus der von mir besprochenen Art sinnlos sei, da die Vorstellung einer Außenwelt, die prinzipiell *keiner* jemals zu entdecken vermag, keinen Sinn habe. Sie argumentieren, dass beispielsweise ein Traum etwas sein muss, aus dem man auch aufwachen *kann*, um zu bemerken, dass man geschlafen hat; dass eine Halluzination etwas darstellen muss, von dem andere (oder man selbst zu einem anderen Zeitpunkt) wissen können, dass es nicht wirklich existiert.[15]

15 Nagel 2012, S. 18 f.

In dieser Passage wird durch den ersten Satz der Bezug zu den bisherigen Argumenten klar hergestellt. Der Kerngedanke des neuen Beitrags findet sich bereits vollständig im zweiten Satz. Für unsere Zwecke können wir uns auf diesen zweiten Satz konzentrieren und den dritten für einen Moment als illustrierende Ausführung einordnen.

Die Kernidee des hier dargestellten Arguments lautet: Die Sinnestäuschungsthese kann nicht richtig sein, weil sie von einer falschen Voraussetzung ausgeht. Wenn es wirklich stimmt, dass alle unsere wahrnehmungsbasierten Überzeugungen falsch sein können, dann müsste die Vorstellung einer radikal unentdeckbaren Außenwelt sinnvoll und verständlich sein. Aber sinnvoll und verständlich, so die These, ist diese Vorstellung einfach nicht.

Nagel ergänzt: »Diese Auffassung nennt man manchmal ›Verifikationismus‹.«[16] In 3.5 werden wir auf diesen Zusammenhang noch einmal genauer zu sprechen kommen. Doch bereits jetzt können wir die Grundidee des Arguments in der folgenden Rekonstruktion darstellen:

Rekonstruktion 6

P1. Wenn alles, was wir nur aufgrund unserer Sinneswahrnehmung glauben, falsch sein könnte, dann ist die Vorstellung einer prinzipiell unerkennbaren Außenwelt sinnvoll.
P2. Es ist nicht der Fall, dass die Vorstellung einer prinzipiell unerkennbaren Außenwelt sinnvoll ist.

———

K. Es ist nicht der Fall, dass alles, was wir nur aufgrund unserer Sinneswahrnehmung glauben, falsch sein könnte.

16 Nagel 2012, S. 19.

Wir haben nun vier Argumente kennengelernt, die sich aufeinander beziehen und in diesem Sinne ein Argumentnetzwerk oder einen Ausschnitt eines Zwischenstandes einer Diskussion oder Debatte darstellen: Rekonstruktionen 2 und 3 teilen eine Prämisse, die Sinnestäuschungsthese, die wiederum in Rekonstruktion 4 gestützt und in Rekonstruktion 6 angegriffen wird.

Solche Strukturen lassen sich graphisch ausgezeichnet mit Pfeilen darstellen. Für Stützungen haben sich durchgezogene, für Angriffe gestrichelte Pfeile etabliert. Bei farbigen Graphiken sind Stützungspfeile üblicherweise grün und Angriffspfeile rot. Unter dem Stichwort ›Argumentlandkarte‹ (engl. *argument map*) findet sich im Netz dazu auch schnell passende Software. Für die hier behandelten Argumente können wir dazu noch Kurzbezeichnungen ergänzen und das Ergebnis etwa so darstellen:

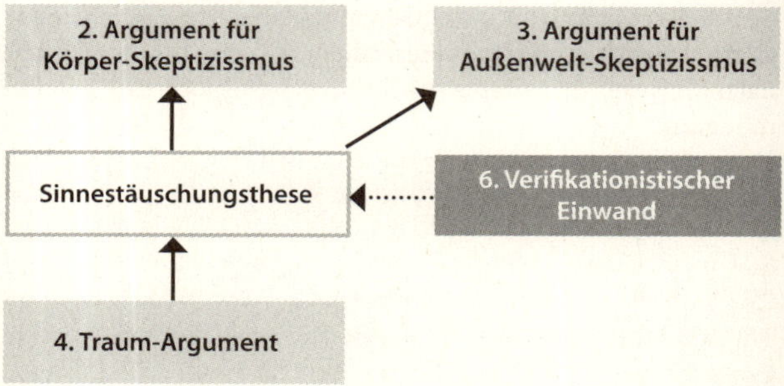

Wie das Beispiel zeigt, lohnt es sich gelegentlich, neben Argumenten auch einzelne Thesen herauszustellen, die eine besonders wichtige Rolle in der Kontroverse spielen. Dabei werden oft wichtige Einsichten unmittelbar graphisch erkennbar. Zum

Beispiel ist hier direkt zu sehen, dass der verifikationistische Einwand aus Rekonstruktion 6 nur die Sinnestäuschungsthese angreift, nicht aber ihre Begründung durch das Traum-Argument in Rekonstruktion 4. Auch gegen dieses Argument sollte man also einen Einwand formulieren, wenn man die verifikationistische Position stark machen möchte.

Und geschieht nicht genau das im letzten Satz der zuletzt zitierten Passage, die wir zunächst nur als ›illustrierende Ausführung‹ eingeordnet hatten? Welche der Prämissen des Traum-Arguments wird hier kritisiert und wie ließe sich das genauer rekonstruieren?

Wir können das hier nicht mehr im Detail weiterverfolgen. Aber in Nagels und in anderen Texten finden sich viele weitere Argumente, die man in diese erste, kleine Argumentlandkarte einfügen könnte. Welche Einsichten diese Methoden und Darstellungsweisen ermöglichen, hat insbesondere Gregor Betz gezeigt, etwa am Beispiel von Descartes' *Meditationen*[17] und zuletzt in einer Einführung in die Argumentationsanalyse,[18] die ich allen ans Herz legen möchte, die ihr Wissen nach der Lektüre dieses Buchs an dieser Stelle vertiefen möchten.

Abschließend dürfen wir jedoch einen wichtigen Nachtrag nicht vergessen: Um auch Thesen abzudecken, müssen wir die Argumentbeziehungen Stützung und Angriff ergänzen. Mit diesen lassen sich unter anderem auch klassische Pro- und Contra-Diskussionen darstellen, in denen zu einer zentralen These sowohl stützende Pro-Argumente als auch angreifende Contra-Argumente formuliert werden.

17 Vgl. Betz 2011.

18 Vgl. Betz 2020.

Stützung (Ergänzung)

- Eine These stützt ein Argument genau dann, wenn sie exakt einer der Prämissen des gestützten Arguments entspricht.
- Ein Argument stützt eine These genau dann, wenn die Konklusion des stützenden Arguments exakt der gestützten These entspricht.

Angriff (Ergänzung)

- Eine These greift ein Argument genau dann an, wenn sie exakt der Verneinung einer der Prämissen des angegriffenen Arguments entspricht.
- Ein Argument greift eine These genau dann an, wenn die Konklusion des angreifenden Arguments exakt der Verneinung der angegriffenen These entspricht.

Stützungen und Angriffe machen die beiden wichtigsten Argumentbeziehungen aus. Andere Argumentbeziehungen lassen sich auf diese beiden zurückführen. Wenn ein Argument ein anderes zum Beispiel untergräbt oder unterminiert (engl. *to undercut*), dann weist das unterminierende Argument nach, dass das unterminierte Argument nicht gültig ist und die Prämissen die Konklusion daher nicht mit logischer Notwendigkeit stützen. Doch wie wir in 2.3 sehen werden, lassen sich solche Fälle in Wahrheit ihrerseits als Angriffe rekonstruieren – zumindest dann, wenn man die einschlägigen Maximen der Argumentrekonstruktion beachtet. Und um die soll es nun als Erstes gehen.

Aufgabe

Formulieren Sie ein Argument, das eines der in diesem Abschnitt behandelten Argumente stützt, sowie ein Argument, das eines dieser Argumente angreift. Nutzen Sie dazu Ihre eigenen Ideen und Ihre Textkenntnis von Kapitel 2 aus Nagel (2012) und formulieren Sie beide Argumente in Standarddarstellung. Ein Tipp: Als Ziel für Stützungen und Angriffe eignet sich unter anderem P2 in Rekonstruktion 6 besonders gut.

1.5 Zur Rekonstruktion von Argumenten

Wir hatten bereits festgehalten, dass eine Argumentrekonstruktion den Gehalt eines Arguments so klar und plausibel wie möglich darstellen soll, um eine Diskussion konstruktiv zu unterstützen. In diesem Abschnitt wird dieses Ziel und die Praxis der Rekonstruktion selbst im Lichte der Ergebnisse dieses Kapitels noch einmal umfassend erörtert.

Insbesondere können wir nun mit dem Prinzip des Wohlwollens (engl. *principle of charity*) eine wichtige Maxime formulieren, die bereits die Rekonstruktionsarbeit in 1.2 und 1.4 geleitet hat:

Das **Prinzip des Wohlwollens** besagt, dass Argumente so wohlwollend wie möglich rekonstruiert werden sollten. Konkret umfasst dieses Prinzip drei verschiedene Aspekte, die aufeinander abgestimmt werden müssen: Die in der Rekonstruktion vorgeschlagenen Prämissen und die Konklusion sollten erstens so gut wie möglich zu den inhaltlichen Überzeugungen und Zielen der Person oder des Texts passen, die aus dem tatsächlichen Wortlaut und dem Kontext ersichtlich sind. Sie sollten zweitens in der Sache möglichst plausibel sein und drittens sollte die Begründung der Konklusion durch die Prämissen als möglichst stark – idealerweise: als gültig – ausgewiesen werden. Kurz: Eine Rekonstruktion sollte *so inhaltstreu, so plausibel und so begründungsstark wie möglich* sein. Je besser eine Rekonstruktion diese Ziele erreicht, desto wohlwollender ist sie.

Was bedeutet das genau? Wie genau kann man diesem Prinzip folgen? Und wie lässt sich dies Prinzip rechtfertigen?

Beginnen wir mit dem letzten Aspekt, der Begründungsstärke. Die Stärke der Begründung hängt von ganz elementaren Dingen ab, nämlich von klaren und unmissverständlichen Formulierungen der Prämissen und der Konklusion. Je unmittelbarer bereits aus den Formulierungen erkennbar ist, dass die Prämissen die Konklusion stützen, desto besser. Dazu gehört unter anderem, längere Argumente lieber in einzelnen Zwischenschritten darzustellen, die man einzeln leichter nachvollziehen kann. Vor allem sollte derselbe Inhalt möglichst immer gleich formuliert sein, also etwa nicht zwei verschiedene Formulierungen für denselben Inhalt verwendet werden.

Um dem Aspekt der Begründungsstärke bestmöglich gerecht zu werden, sollte man darüber hinaus stets versuchen, Argumente als gültige Argumente zu rekonstruieren – zumindest insofern die beiden anderen Aspekte der Inhaltstreue und der Plausibilität ebenfalls hinreichend berücksichtigt bleiben. Gültigkeit stellt hinsichtlich der Begründungsstärke eines Arguments schließlich den Goldstandard dar (s. 1.3). Und im Idealfall einer gültigen Argumentrekonstruktion, auf die sich alle Beteiligten als treffend einigen können, lässt sich die Diskussion ganz entscheidend konstruktiv voranbringen. Denn:

Gültige Argumentrekonstruktionen besitzen die folgende **Wegweiserfunktion**: Wird die Rekonstruktion von allen Beteiligten als treffend akzeptiert, dann ist klar, welche weiteren Schritte die Diskussion konstruktiv voranbringen:

- Wer die Prämissen akzeptiert, muss ebenfalls die Konklusion akzeptieren (sich aber auch im Gegenzug nach weiteren Argumenten für die Prämissen fragen lassen).
- Wer die Konklusion ablehnt, muss mindestens eine der Prämissen ablehnen (sich im Gegenzug aber auch nach Argumenten gegen diese Prämissen fragen lassen).

Wo auch immer strittig ist, ob eine bestimmte Aussage nun wahr ist oder nicht, lohnt es sich, über Argumente nachzudenken, die mit gültigen Schlüssen begründen, dass diese Aussage wahr oder dass sie falsch ist. An diesen Stellen gilt es, die ihrerseits kontroversen Prämissen zu identifizieren und diese explizit zu diskutieren, gegebenenfalls auch im Lichte weiterer Argumente. So lässt sich Schritt für Schritt – also Aussage für Aussage und Argument für Argument – immer besser klären, was eigentlich genau wofür und wogegen spricht und welche Position man am Ende des Tages selbst vertreten möchte.

An dieser Stelle gilt es, einem Missverständnis vorzubeugen:[19] Dass man immer versuchen sollte, Argumente als gültig zu rekonstruieren, bedeutet natürlich nicht, dass man von vornherein entscheiden könnte, dass sich das auch überall sinnvoll durchhalten ließe. In manchen Fällen ist eine Rekonstruktion eines Arguments als gültig zwar prinzipiell möglich, doch nur um den Preis, dass für diesen Zweck völlig unpassende Prämissen unterstellt werden, etwa solche, die nicht hinreichend inhaltstreu oder plausibel sind. In solchen Fällen ist das

19 Vgl. ausführlicher dazu Betz 2020, S. 29 f.

Ziel der Begründungsstärke natürlich anders in die Gesamtabwägung durch das Prinzip des Wohlwollens einzubinden (s. Ausblick). Die große Mehrzahl von Argumenten lässt sich jedoch tatsächlich als gültig rekonstruieren. Und dieses Vorgehen ist durch die Wegweiserfunktion gültiger Rekonstruktionen gut begründet.

Spannungen zwischen dem Ziel, eine gültige Rekonstruktion zu liefern, und anderen Zielen sind kein Einzelfall. Das Prinzip des Wohlwollens umfasst schließlich drei einzelne Ziele, die nicht immer gleichzeitig erreicht werden können.

Diese Problematik ist uns bereits im Zusammenhang mit dem Einzelziel der Inhaltstreue begegnet: Um den im Kontext ersichtlichen Überzeugungen und argumentativen Zielen einer Person gerecht zu werden, muss man in der Rekonstruktion manchmal vom Wortlaut einer Passage abweichen. Dieses Prinzip haben wir in 1.2 und 1.4 gleich mehrfach angewendet: Rekonstruktion 1 ist entstanden, indem wir Nagels deutlich umfassende Formulierung »Was auch immer man glaubt« mit guten Gründen korrigiert und auf Überzeugungen über die Außenwelt eingeschränkt haben. Und um die im Kontext erkennbaren Stützungs- und Angriffsbeziehungen klar sichtbar zu machen, haben wir in 1.4 die Formulierungen der betreffenden Aussagen in den behandelten Rekonstruktionen genau aufeinander abgestimmt.

Bei dieser Gelegenheit können wir einige allgemeine und handwerkliche Dinge zum inhaltstreuen Rekonstruieren und Interpretieren festhalten. Wie angemessen ein bestimmter Interpretationsvorschlag in dieser Hinsicht ist, lässt sich nämlich je nachdem, wie und wo argumentiert wird, in unterschiedlichen Weisen prüfen:

Im argumentativen Gespräch bietet es sich an, konkrete Rückfragen zu stellen: »Wenn ich Sie richtig verstehe, haben Sie behauptet, dass … Ist das richtig?« »Darf ich nachfragen:

Warum glauben Sie das eigentlich?« »Wenn ich Sie richtig verstehe, haben Sie Ihre Aussage, dass …, folgendermaßen begründet: … Habe ich das richtig wiedergegeben?« »Ich habe noch nicht ganz verstanden, warum aus Ihrer Sicht … eine Begründung dafür ist, dass … Würden Sie das bitte noch genauer erläutern?« Diese und viele andere Beiträge können allen Beteiligten dabei helfen, ein (gemeinsames) genaueres Verständnis des betreffenden Arguments zu entwickeln.

Im Umgang mit Texten und anderen Medien fehlt meist die Möglichkeit, direkte persönliche Rückfragen zu stellen. Doch mit einem Text (oder einer Aufnahme) können Sie lesend (oder hörend) etwas tun, das Sie Ihren Mitmenschen im Gespräch zum Glück nicht zumuten: Sie können den genauen Wortlaut beliebig oft wiederholen, auch weitere Textstellen hinzuziehen und dann wieder zu der Passage zurückkehren. Kurz: Sie können den betreffenden Abschnitt besonders gründlich und im Kontext des gesamten Texts interpretieren.

An dieser Stelle fügt sich die Fähigkeit, Argumente angemessen zu rekonstruieren, organisch in allgemeine Lese- und Interpretationskompetenzen ein.[20] In aller Kürze können wir hier zumindest die folgende Maxime festhalten:

> **Aktives Lesen** ist nicht nur, aber auch im Kontext der Argumentanalyse besonders wichtig. Das bedeutet, Texte bereits von vornherein gründlich und mehrfach zu lesen, Anstreichungen und Randbemerkungen zu machen sowie ausführlichere Notizen separat festzuhalten. Dazu sind Bleistifte hilfreich (oder veränderbare digitale Markierungen), denn es kann gut sein, dass Sie Ihre Interpretation später ändern wollen.

20 Dieser Zusammenhang wird gut in Pfister (2013) und Brun/Hirsch Hadorn (2014) ausgearbeitet.

Am Rand bieten sich besonders strukturierende Bemerkungen an, etwa ›Unterscheidung‹, ›Vorgehen‹, ›Kernthese‹, ›Argument‹, ›Frage 1, Frage 2, …‹, ›Zusammenfassung‹ oder ›Rückblick‹. Wenn Sie ein Argument identifiziert haben, dann markieren Sie gegebenenfalls bereits, was wie begründet wird, indem Sie am Rand passende Kürzel notieren, für eine Konklusion ›K‹ und für Prämissen ›P1‹, ›P2‹ usw.

Wir haben nun am Beispiel der Aspekte der Inhaltstreue und der Begründungsstärke von Argumenten das Zusammenspiel der verschiedenen Ziele angesprochen, die das Prinzip des Wohlwollens als Maxime für jede Rekonstruktion festhält. Der dritte und letzte Aspekt, die Plausibilität der Prämissen und der Konklusion, spielt im Vergleich dazu eine untergeordnete, aber dennoch wichtige Rolle. Denn die Frage nach der inhaltlichen Plausibilität läuft ja auf die Frage hinaus, welche Thesen wir als Rekonstruierende selbst akzeptieren und welche wir ablehnen würden.

An dieser Stelle ist es besonders wichtig, sich genau Rechenschaft darüber abzulegen, was man in einem Text tatsächlich vorfindet und was man selbst in ihn hineinlegt. Im Zweifelsfall gilt, dass Inhaltstreue jederzeit die Frage der eigenen Plausibilitätseinschätzung übertrumpft: Wie inhaltlich plausibel ein Interpretationsvorschlag ist, darf erst dort einen Unterschied machen, wo wir es mit Alternativen zu tun haben, die dem Wortlaut und den aus dem Kontext ersichtlichen Zielen und Überzeugungen gleich gut gerecht werden. Wer die eigene Einschätzung der inhaltlichen Plausibilität jedoch die anderen Aspekte überstimmen lässt, sollte korrekterweise nicht mehr von einer Rekonstruktion eines vorgefundenen Arguments einer anderen Person sprechen, sondern eingestehen, dass es sich um ein eigenes, wenn auch deutlich von diesem inspiriertes Argument handelt.

Allerspätestens an dieser Stelle könnte man sich fragen, ob sich das Prinzip des Wohlwollens in Wahrheit nicht als viel zu komplex entpuppen könnte. Wie und warum soll man dem Prinzip bei der Rekonstruktion von Argumenten denn überhaupt gerecht werden können?

Auf diese Frage gibt es viele gute Antworten. Insbesondere gibt es in der Philosophie eine Reihe von prominenten Überlegungen, die das Prinzip des Wohlwollens als unumgängliche Maxime des Verstehens überhaupt ausweisen.[21] Hier möchte ich mich jedoch auf diejenigen Gründe konzentrieren, die sich bereits direkt aus dem Ziel ergeben, mit Argumentrekonstruktionen einen Beitrag zum Gelingen konstruktiver Diskussionen zu leisten. Für den Aspekt der Begründungsstärke haben wir das bereits ausführlich mit Blick auf die Wegweiserfunktion gültiger Argumentrekonstruktionen erläutert. Im Folgenden soll das noch einmal allgemeiner begründet werden.

Ob eine konstruktive Diskussion gelingt, hängt wesentlich davon ab, ob die Beteiligten einander inhaltlich ernst und beim Wort nehmen, dass sie einander also so verstehen, wie es aus dem Wortlaut und der Funktion des Beitrags im Diskussionskontext hervorgeht. Denn wer andere Beteiligte derart versteht (oder zu verstehen vorgibt), dass dieser Aspekt der Inhaltstreue zu wenig berücksichtigt wird, kann überhaupt nicht den Anspruch erheben, sich tatsächlich mit *diesem* Argument zu beschäftigen. In Wahrheit handelt es sich in solch einem Falle ja um ein im besten Fall nur assoziativ verwandtes und im schlimmsten Fall sogar entstelltes Argument. Für manche dieser Fälle hat sich sogar eine eigene Bezeichnung etabliert:

21 Zu den modernen Klassikern solcher Überlegungen zählen die Arbeiten von Hans-Georg Gadamer und Donald Davidson (vgl. insb. Gadamer 1960 und Davidson 1991).

Ein **Strohmann-Argument** ist eine argumentative Kritik, die zwar vorgibt, eine bestimmte Aussage zu widerlegen, die diese Aussage in Wahrheit jedoch schlicht verfehlt, da sie nur eine deutlich verzerrte und unplausiblere (wenn auch möglicherweise ähnliche) Position kritisiert. Durchschaut man diesen Manipulationsversuch, kann man davon sprechen, dass hier nur ein Strohmann aufgebaut wird, der sich leicht besiegen lässt.

Nehmen wir zum Beispiel an, dass ich einem Kollegen gegenüber behaupte: »Die Studentin sollte ihre Arbeit auch später abgeben dürfen. Sie hat mir wirklich gute Gründe dafür genannt, dass sie unverschuldet keine Gelegenheit dazu hatte, den Text zu schreiben.« Der Kollege antwortet: »Du willst bei jeder Kleinigkeit die Fristen verlängern. Nein, das geht so nicht.« Hier wurde mein Argument zu einem Strohmann gemacht, der sich verdächtig leicht widerlegen lässt. Von der Forderung, Fristen »wegen jeder Kleinigkeit« zu verlängern, war ja keine Rede. Es ging um »wirklich gute Gründe«. Besser wäre es gewesen, der Kollege hätte nach den konkreten Gründen gefragt, so dass wir gemeinsam hätten herausfinden können, ob sie auch in seinen Augen gut genug sind.

Strohmann-Argumente haben mit einer konstruktiven Diskussion nur noch wenig zu tun. Durch sie wird in der Sache einfach nichts gewonnen und nichts besser verstanden als vorher. Das gilt auch und besonders im Umgang mit Einwänden gegen die eigene Auffassung: Erst dann, wenn man auch die bestmögliche Variante eines Einwands mit guten Gründen zurückweisen kann, darf man wirklich beanspruchen, die Kritik angenommen und die eigene Position gegen diese Kritik behauptet zu haben. Und im Falle, dass man diese bestmögliche Variante der Kritik nicht zurückweisen kann, hat man das Glück, durch den Einwand etwas gelernt zu haben. Wer die stärkste Variante eines Einwands betrachtet, kann also nur gewinnen. Woran? An Erkenntnis! Denn darum geht es, und nicht darum, sich in einem Streit mit welchen Mitteln auch immer durchzusetzen. Wer einen Einwand nicht in diesem Sinne ernst nimmt und stark macht, bringt sich selbst um eine solche Chance.

Wenn das wahr ist, dann sollten wir das Prinzip des Wohlwollens immer und unbedingt verfolgen. Zudem ist es keinerlei Grund zur Sorge, dass dieses Prinzip gleich mehrere Ziele nennt, die nicht immer auf einen Nenner gebracht werden können. Denn zum einen lassen sich die verschiedenen Ziele durchaus aufeinander abstimmen und unter einen Hut bringen. Das haben schon die Rekonstruktionen in 1.2 und 1.4 gezeigt. Und zum anderen bilden Konflikte zwischen den verschiedenen Aspekten des wohlwollenden Rekonstruierens in Wahrheit wertvolle Quellen der Erkenntnis. Denn in diesem Fall können wir gleich mehrere verschiedene Rekonstruktionsvorschläge formulieren, in denen diese Aspekte jeweils verschieden gewichtet sind, und die gegebenenfalls durchaus allesamt gute und plausible, ja manchmal vielleicht sogar gleich gute und gleich plausible Rekonstruktionsvarianten darstellen. Eine solche Entdeckung kann ihrerseits eine konstruktive Diskussion deutlich voranbringen. Denn oft lässt sich erst im Lichte der Ausformulierung verschiedener Varianten eines Arguments noch umfassender und präziser prüfen, welche Auffassung wirklich überzeugend ist. Und genau diesem Zweck soll die Rekonstruktion und logische Analyse von Argumenten ja zuallererst dienen.

Aufgabe

Betrachten Sie den folgenden Absatz aus der Einleitung zu Nagels *Was bedeutet das alles?*:

»Die Philosophie unterscheidet sich einerseits von den Naturwissenschaften und andererseits von der Mathematik. Im Unterschied zu den Naturwissenschaften stützt sie sich nicht auf Experimente und Beobachtungen, sondern allein auf das Denken. Im Unterschied zur Mathematik kennt sie keine formalen Beweisverfahren. Man philosophiert einzig, indem man fragt, argumentiert, bestimmte Gedanken ausprobiert und mögliche Argumente gegen sie erwägt, und darüber nachdenkt, wie unsere Begriffe wirklich beschaffen sind.«[22]

Stellen Sie sich vor, jemand schlägt die folgende Rekonstruktion als eine Interpretation eines der Argumente vor, die in diesem Absatz vorkommen. Rekapitulieren Sie die verschiedenen Bestandteile des Prinzips des Wohlwollens und nehmen Sie zu diesem Vorschlag Stellung.

P1. Die Philosophie stützt sich allein auf das Denken.
P2. Die Naturwissenschaften stützen sich auf Experimente und Beobachtungen.
P3. Wenn sich etwas Erstes allein auf eine Sache stützt, etwas Zweites aber auf anderes, dann ist das Erste vom Zweiten komplett unabhängig.

———

K. Die Philosophie ist von den Naturwissenschaften komplett unabhängig.

22 Nagel 2012, S. 8.

2 Argumente logisch analysieren

Was macht ein Argument gültig und woran kann man das erkennen? Dieses Kapitel führt die bisher erarbeiteten Grundlagen weiter, indem es die logische Analyse von Argumenten vorstellt.

2.1 Argumentformen und Schlussprinzipien

Die Begriffe des Arguments und der Gültigkeit von Argumenten haben bereits in Kapitel 1 eine große Rolle gespielt. Doch es ist eine Sache, den Begriff der Gültigkeit von Argumenten so zu bestimmen wie in 1.3, dass nämlich in einem gültigen Argument die Konklusion mit logischer Notwendigkeit aus den Prämissen folgt. Etwas völlig anderes ist es, zu klären, was ein Argument gültig macht und woran man das erkennen kann.

Diese Fragen stecken den Kern des Gebietes ab, in dem die Logik sich bewegt. Logik könnte man charmant als die »Wissenschaft des Wörtchens ›also‹ (und entsprechend funktionierender Wörter in anderen Sprachen)« definieren.[23] Das bedeutet: In der Logik versucht man, systematisch zu untersuchen, wann und warum man mit Recht beanspruchen kann, eine Konklusion durch bestimmte Prämissen erfolgreich begründet zu haben – idealerweise natürlich durch einen gültigen und damit zwingenden Schluss. In diesem Abschnitt gehen wir den ersten und entscheidenden Schritt auf diesem Weg, nämlich den Schritt weg von konkreten Inhalten hin zu Argumentformen und Schlussprinzipien.

Dieser Abstraktionsschritt ist unmittelbar für alle zugänglich, die in Argumenten Prämissen und Konklusionen unter-

23 Strobach 2011, S. 12.

scheiden und sich dann die Frage stellen, warum in manchen Fällen intuitiv der Eindruck entsteht, dass ein bestimmtes Argument tatsächlich gültig zu sein scheint.

Betrachten wir dazu zunächst vier verschiedene Beispiele: Rekonstruktionen 7 und 8 sind Darstellungen der beiden Beispiele, die in 1.3 bereits als klarerweise gültige Argumente mit klarerweise falschen Prämissen angeführt wurden – ohne das auszuführen oder zu begründen. Rekonstruktion 9 ist das in der Tradition der abendländischen Philosophie viel bemühte Standardbeispiel eines gültigen Arguments. Und Rekonstruktion 10 ist eine Wiederholung von Rekonstruktion 2.

Rekonstruktion 7

P1. Aristoteles ist ein Quadrat.
P2. Alle Quadrate sind Vierecke.
———
K. Aristoteles ist ein Viereck.

Rekonstruktion 8

P1. Platon ist ein Dreieck.
P2. Alle Dreiecke sind Philosophen.
———
K. Platon ist ein Philosoph.

Rekonstruktion 9

P1. Sokrates ist ein Mensch.
P2. Alle Menschen sind sterblich.
———
K. Sokrates ist sterblich.

Rekonstruktion 10: Wiederholung von Rekonstruktion 2

P1. Dass wir einen Körper oder ein Gehirn haben, glauben wir nur aufgrund unserer Sinneswahrnehmung.
P2. Alles, was wir nur aufgrund unserer Sinneswahrnehmung glauben, könnte falsch sein.

———

K. Dass wir einen Körper oder ein Gehirn haben, könnte falsch sein.

Vergleicht man diese Rekonstruktionen miteinander, springen die Gemeinsamkeiten unmittelbar ins Auge. Inhaltlich geht es zwar um völlig verschiedene Themen, doch in der Struktur gleichen die Argumente einander wie ein Ei dem anderen. Genauer formuliert: Die als Prämissen und Konklusionen in den Argumenten verknüpften Aussagen weisen dieselbe logisch-semantische Form auf. Aus diesem Grund folgen auch die Argumente genau demselben Schema.

Gehen wir die Argumente parallel Schritt für Schritt durch, um das genauer herauszuarbeiten:

In P1 wird jeweils ausgesagt, dass – grob gesprochen – etwas Generelles auf etwas Einzelnes zutrifft. Auf Aristoteles trifft zu, ein Quadrat zu sein, auf Platon trifft zu, ein Dreieck zu sein, und auf Sokrates trifft zu, sterblich zu sein. Etwas komplexer wird es im vierten Fall: Auf die einzelne Aussage, dass wir einen Körper oder ein Gehirn haben, trifft die generelle Eigenschaft zu, dass wir sie nur aufgrund unserer Sinneswahrnehmung glauben.

Diese geteilte Struktur der jeweils ersten Prämissen können wir durch ein Schema ausdrücken, in dem von den inhaltlichen Beispielen abstrahiert und allein die geteilte Form der vier Aussagen ausgedrückt wird. Um dies tun zu können, verwenden wir Platzhalterbuchstaben anstelle der konkreten inhaltlichen Ausdrücke. In diesem Zusammenhang haben sich gewisse

Konventionen etabliert, die auch hier Anwendung finden sollen. Ehe wir das in 2.4 noch einmal allgemeiner formulieren, genügt es, für die aktuellen Beispiele festzuhalten: Wir setzen ›a‹ anstelle des Einzelnen, auf das etwas Generelles zutrifft, also anstelle von ›Aristoteles‹, ›Sokrates‹ usw. Und wir setzen ›F‹ anstelle des Generellen, das auf dieses Einzelne zutrifft, also anstelle von ›ist ein Dreieck‹ oder ›ist ein Mensch‹ usw. Diese Setzungen lassen sich auch miteinander kombinieren: Dass F auf a zutrifft, kürzen wir ab zu ›a ist F‹ oder noch kürzer: ›Fa‹. Und damit sind wir bereits fertig in der Darstellung der geteilten Form der jeweils ersten Prämissen dieser vier Argumente.

Schauen wir uns nun P2 genauer an. Dort wird jeweils ausgesagt: Auf das, auf das ein bestimmtes Generelles zutrifft, trifft auch ein zweites Generelles zu. Wenn auf etwas zutrifft, dass es ein Quadrat ist, trifft auf es auch zu, dass es ein Viereck ist. Wenn auf etwas zutrifft, dass es ein Dreieck ist, dann trifft auf es auch zu, dass es ein Philosoph ist. Wenn auf etwas zutrifft, dass es ein Mensch ist, dann trifft auf es auch zu, dass es sterblich ist. Der vierte Fall ist wieder etwas komplexer: Wenn auf etwas zutrifft, dass wir es nur aufgrund unserer Sinneswahrnehmung glauben, trifft auf es auch zu, dass es falsch sein könnte.

Auch diese von den jeweils zweiten Prämissen miteinander geteilte Struktur können wir durch ein Schema ausdrücken. Anstelle des ersten Generellen setzen wir wieder ›F‹, denn das ist ja genau dasjenige, was bereits in der jeweils vorangegangenen Prämisse vorkam. Und anstelle des zweiten Generellen setzen wir, schlicht dem Alphabet folgend, ›G‹. Die geteilte Form der zweiten Prämissen der vier betrachteten Argumente lautet also: ›Auf alles, auf das F zutrifft, trifft auch G zu‹. Oder kürzer: ›Alles, was F ist, ist G‹ beziehungsweise, mit Betonung der internen ›wenn-dann‹-Struktur: ›Wenn etwas F ist, dann ist es G‹.

Aussagen dieser Form nennt man ›Allsätze‹. Sie kommen in vielen Argumenten vor und spielen dort oft eine wichtige Rolle, so dass wir sie in 3.1 noch einmal genauer beleuchten werden.

Damit sind wir bereits bei den Konklusionen angelangt, deren Struktur im Lichte der bereits vollzogenen Analysen der Prämissen nun leicht zu erkennen ist. Die Konklusionen besagen jeweils, dass das zweite Generelle, das in P2 genannt war, auch auf dasjenige Einzelne zutrifft, das in P1 genannt war: Auf Sokrates trifft zu, ein Viereck zu sein, auf Platon trifft zu, ein Philosoph zu sein, und auf Sokrates trifft zu, sterblich zu sein. Erneut ist der vierte Fall etwas komplexer: Auf die einzelne Aussage, dass wir einen Körper oder ein Gehirn haben, trifft die generelle Eigenschaft zu, dass sie auch falsch sein könnte. Um diese geteilte Struktur der Konklusionen durch ein Schema auszudrücken, können wir nun die Platzhalterbuchstaben benutzen, die aus der Analyse von P1 und P2 ja bereits vorliegen: Für das Einzelne aus P1 hatten wir ›a‹ gesetzt und für das zweite Generelle aus P2 ›G‹. Dass G auf a zutrifft, können wir also mit ›a ist G‹ oder ›Ga‹ ausdrücken.

Damit lässt sich auch die geteilte Struktur der vier Argumente im Ganzen als das folgende Schlussprinzip darstellen, wahlweise in Form einer Aussage oder als Schlussschema:

Schlussprinzip 1

Aus ›a ist F‹ und ›Alles, was F ist, ist G‹ folgt ›a ist G‹.
Schema:

a ist F
Alles, was F ist, ist G
———
a ist G

Wir haben nun an diesem Beispiel den ersten Schritt zur Prüfung der Gültigkeit eines Arguments kennengelernt, indem wir die zugrunde liegenden Schlussprinzipien identifiziert haben. Nachdem wir das in 2.2 und 2.3 zunächst an diesem und anderen Beispielen weiterführen, werden wir die hier verwendeten Werkzeuge der logisch-semantischen Analyse in 2.4 noch einmal ergänzen und zusammenfassen.

Aufgabe

Formulieren Sie ein eigenes Beispielargument, dem Schlussprinzip 1 zugrunde liegt. Benennen Sie präzise, welche Ausdrücke die Platzhalterbuchstaben ›a‹, ›F‹ und ›G‹ in diesem Beispiel ersetzen.

2.2 Die logische Prüfung von Schlussprinzipien

Die Frage nach der Gültigkeit von Argumenten steht und fällt mit dem zugrunde liegenden Schlussprinzip. Und dass die vier gerade behandelten Argumente in der Tat gültig sind, ist allein Schlussprinzip 1 zu verdanken. Gültigkeit hatten wir in 1.3 ja so bestimmt: Die Konklusion folgt aus den Prämissen, so dass die Konklusion mit logischer Notwendigkeit dann wahr sein muss, wenn die Prämissen ebenfalls wahr sind. Und das ist bei allen vier Argumenten der Fall: Wenn es wirklich stimmt, dass etwas Generelles ›F‹ auf etwas Einzelnes ›a‹ zutrifft (P1), und wenn es zudem stimmt, dass auf alles, auf das ›F‹ zutrifft, auch etwas zweites Generelles ›G‹ zutrifft (P2), dann muss es zwingend so sein, dass ›G‹ auch auf ›a‹ zutrifft (K). Unabhängig davon also, was ›a‹, ›F‹ und ›G‹ im Einzelfall bedeuten mag: Wenn die Prämissen wahr sind, dann muss es auch die Konklusion sein.

Nun können wir auch endlich verstehen, worin bei gültigen Argumenten die logische Notwendigkeit besteht, mit der die

Konklusion wahr sein muss, wenn es die Prämissen sind: Sie liegt in der eben herausgearbeiteten logisch-semantischen Form oder Struktur des Arguments. An dieser Struktur ist zu erkennen, dass tatsächlich in allen Fällen, die diesem Schema folgen, die Konklusion wahr ist, wenn es die Prämissen sind. Es kann also einfach kein strukturgleiches Argument geben, dessen Prämissen wahr sind, während die Konklusion falsch ist. Wir können also festhalten:

> Eine Konklusion folgt genau dann aus bestimmten Prämissen, wenn gilt: Wenn die Prämissen wahr sind, dann *muss* die Konklusion ebenfalls wahr sein. Diese **logische Notwendigkeit**, mit der die Prämissen zur Konklusion führen, bedeutet: Es kann kein strukturgleiches Gegenbeispiel geben, also keinen strukturgleichen Fall eines Arguments, dem (a) dasselbe Schlussprinzip zugrunde liegt, in dem (b) die Prämissen alle wahr sind, aber (c) die Konklusion trotzdem falsch ist.

Die Gültigkeit von Argumenten steht und fällt also mit den ihnen zugrunde liegenden Schlussprinzipien. Man kann insofern nicht nur von der Gültigkeit von Argumenten, sondern genauso von der Gültigkeit von Schlussprinzipien sprechen. Ein Schlussprinzip ist dementsprechend genau dann gültig, wenn alle Argumente dieser Struktur gültig sind, wenn also stets die Konklusion mit logischer Notwendigkeit aus den Prämissen folgt.

Doch warum trifft das genau auf Schlussprinzip 1 zu? Warum stellt dies ein gültiges Schlussprinzip dar, dessen Konklusion mit logischer Notwendigkeit aus den Prämissen folgt? Und überhaupt: Wie kann man zeigen, dass ein bestimmtes Schlussprinzip gültig oder dass es ungültig ist?

Beginnen wir mit dem Nachweis der Ungültigkeit eines Arguments bzw. eines Schlussprinzips. Eine Methode, dies zu tun, ergibt sich bereits unmittelbar aus der gerade festgehaltenen Bestimmung von Gültigkeit über logische Notwendigkeit: Wenn ein Argument genau dann gültig ist, wenn es keinen strukturgleichen Fall gibt, in dem die Prämissen alle wahr sind, die Konklusion aber falsch ist, dann ist ein Argument natürlich dann ungültig, wenn es einen solchen Fall doch gibt. Anders ausgedrückt: Wenn es ein strukturgleiches Gegenbeispiel gibt, dann trifft es eben nicht zu, dass alle strukturgleichen Fälle ebenfalls von wahren Prämissen zu wahren Konklusionen führen. Und damit ist das Argument nicht gültig.

Ein Beispiel für einen solchen Ungültigkeitsnachweis durch ein Gegenbeispiel folgt gleich. Doch wir hatten ja über Schlussprinzip 1 gesprochen. Und für dieses Prinzip scheint es beim besten Willen kein Gegenbeispiel zu geben. Was tun? Kein Gegenbeispiel gefunden zu haben, macht selbst jedenfalls noch keinen positiven Nachweis der Gültigkeit eines Schlussprinzips aus. Vielleicht fehlt es uns ja schlicht an der nötigen theoretischen Phantasie?

Die Gültigkeit von Schlussprinzipien positiv nachzuweisen, bildet das Kerngebiet der Logik in einem engeren Sinne. Die Details – und die Kontroversen – der Logik in diesem engeren Sinne lassen wir hier beiseite. Für unsere Zwecke können wir aber die folgende pragmatische Methode für Gültigkeitsnachweise verwenden.

Zunächst kommt es darauf an, genauer zu verstehen, was in einem Schlussprinzip an Struktur übriggeblieben ist, nachdem bestimmte inhaltliche Ausdrücke durch Platzhalterbuchstaben ersetzt wurden. Diese Struktur wird stets durch einige wenige Begriffe und deren Zusammenspiel gestiftet. Bei Schlussprinzip 1 sind dies erstens das Zutreffen von etwas Generellem auf etwas Einzelnes (in P1 und in K) und zweitens (in P2) der Begriff ›alle‹ oder ›alles‹ sowie implizit auch der Begriff der Bedingung, nämlich dass das Erfülltsein einer Bedingung (hier: F) dazu führt, dass eine andere Bedingung auch erfüllt ist (hier: G). Wer diese Begriffe und ihr Zusammenspiel versteht, sieht bereits unmittelbar ein, dass das betreffende Schlussprinzip gültig sein muss und dass es gar kein Gegenbeispiel geben kann. Denn das liegt bereits allein an der Bedeutung dieser Begriffe.

Schlussprinzip 1 ist also gültig genau deswegen, weil es eine sogenannte begriffliche Wahrheit oder, gleichbedeutend, eine analytische Wahrheit darstellt. Und immer dann, wenn sich ein Schlussprinzip als begriffliche Wahrheit entpuppt, ist seine Gültigkeit erwiesen. Das kann übrigens auch dadurch geschehen, dass das Prinzip allein aus begrifflichen Wahrheiten gültig hergeleitet wird. In 3.1 werden wir das am Beispiel von Schlussprinzip 1 genauer demonstrieren.

Damit wird es jedoch natürlich immer wichtiger, die Frage zu beantworten, was nun genau unter einer begrifflichen Wahrheit zu verstehen sein soll. In der Philosophie ist dieses Thema ebenso wichtig wie kontrovers. Doch für unsere Zwecke können wir diese Grundsatzdebatten ausblenden und festhalten:

> Arbeitsdefinition: Ein Schlussprinzip ist genau dann gültig, wenn es **begrifflich wahr** ist, denn genau das macht strukturgleiche Gegenbeispiele mit wahren Prämissen und falschen Konklusionen logisch unmöglich. Und eine Aussage, unabhängig davon, ob sie ein Schlussprinzip ist oder nicht, ist genau dann begrifflich wahr (gleichbedeutend: analytisch wahr), wenn sie wahr ist allein aufgrund der Bedeutung der Begriffe, die in ihr vorkommen, und der Weise, in der sie in der Aussage zusammenspielen.

Die in Schlussprinzip 1 ausgedrückte begriffliche Wahrheit ist eher abstrakt. Daher kann sie in vielen Fällen und mit großem

Nutzen angewendet werden. Doch es gibt viele weitere begriffliche Wahrheiten, die sich deutlich schneller identifizieren lassen und die ebenfalls der Gültigkeit von Argumenten zugrunde liegen, etwa:

Rekonstruktion 11

P1. Düsseldorf liegt westlich von Jena.

———

K. Jena liegt östlich von Düsseldorf.

Dieses Argument ist offenkundig gültig. Und dafür sind allein die Bedeutungen der Ausdrücke ›liegt westlich von‹ und ›liegt östlich von‹ verantwortlich, die hier die einschlägige Struktur des Arguments stiften. Wenn man von den Beispielen ›Düsseldorf‹ und ›Jena‹ abstrahiert, kommt man zum folgenden Schlussprinzip:

Schlussprinzip 2

a liegt westlich von b

———

b liegt östlich von a

Wer eine Sprache kompetent beherrscht, kann in sehr vielen Fällen unmittelbar eine begriffliche Wahrheit als solche erkennen und auf dieser Grundlage auch einige einfache Argumente als gültig evaluieren.

Doch das hat seine Grenzen. Betrachten wir dazu ein weiteres Beispiel:

Rekonstruktion 12

P1. Düsseldorf liegt westlich von Jena.
P2. Jena liegt westlich von Dresden.

———

K. Düsseldorf liegt westlich von Dresden.

Dieses Argument scheint ebenso offenkundig wie das zuletzt angeführte Argument gültig zu sein: Beide Prämissen sind wahr, die Konklusion ist wahr, und die Prämissen stützen die Konklusion. Hier ist es nun allein die Bedeutung des Ausdrucks ›liegt westlich von‹, die die einschlägige Struktur des Arguments stiftet. Wenn man von den Beispielen ›Düsseldorf‹, ›Jena‹ und ›Dresden‹ abstrahiert, kommt man zum folgenden Schlussprinzip:

Schlussprinzip 3

a liegt westlich von b
b liegt westlich von c

———

a liegt westlich von c

Liegt hier also nicht ebenso eindeutig wie im Falle der Schlussprinzipien 1 und 2 ein gültiger Schluss vor? Nein, weit gefehlt! Denn spätestens dann, wenn Schlussprinzip 3 mehrfach angewendet wird, kann man leicht von ausschließlich wahren Prämissen zu einer falschen Konklusion kommen, zum Beispiel so:

Rekonstruktion 13

P1. Mexiko liegt westlich von Portugal.
P2. Portugal liegt westlich von Kasachstan.
P3. Kasachstan liegt westlich von Japan.

———

K. Mexiko liegt westlich von Japan.

Die Konklusion ist eindeutig falsch: Mexiko liegt östlich, nicht westlich von Japan. Wem das zunächst anders scheint, könnte den in Europa gängigen zweidimensionalen Weltkartenprojektionen zum Opfer gefallen sein. Dann hilft aber ein Blick auf einen Globus.

Nun sind aber die Prämissen P1 bis P3 klarerweise allesamt wahr, und es lässt sich auf die falsche Konklusion allein durch die Anwendung von Schlussprinzip 3 aus diesen wahren Prämissen schließen. Also ist dieses Schlussprinzip ungültig. In 2.3 werden wir diese Form der Kritik noch einmal präziser aufgreifen.

Hier wird jedoch auch deutlich, dass man sich bei Urteilen über Fragen der Bedeutung und der begrifflichen Wahrheit durchaus täuschen kann und dass man etwas lernen kann über die vermeintlich bereits klar erfasste Bedeutung von Ausdrücken, die man ganz selbstverständlich verwendet. So verdeutlicht das gerade behandelte Beispiel, dass die Bedeutung von ›a liegt westlich von b‹ keinesfalls allein darin liegt, dass man von b zu a in westlicher Richtung gelangen kann – schließlich kommt man auch von Japan aus in westlicher Richtung nach Mexiko, zumindest irgendwann. Zur Bedeutung von ›a liegt westlich von b‹ gehört also ganz offensichtlich auch dazu, dass der Weg von b zu a in westlicher Richtung kürzer als der Weg in östlicher Richtung ist.

In der – wenn man so will – ›Logik der Himmelsrichtungen haben wir nun mit Schlussprinzip 2 ein gültiges und mit

Schlussprinzip 3 ein vermeintlich gültiges, in Wahrheit aber ungültiges Schlussprinzip kennengelernt. In anderen Fällen ist die Frage, ob ein Schlussprinzip begrifflich wahr ist, sogar noch deutlich schwieriger zu beantworten.

Für die logische Argumentanalyse bietet sich daher eine pragmatische Sicherheitsvorkehrung an: Statt viele verschiedene Schlussprinzipien einzusetzen, die sich zum Teil auch als ungültig oder zumindest als umstritten entpuppen können, sollten wir nur einige wenige verwenden, die dafür jedoch so allgemein und so unkontrovers wie irgend möglich sind. Dabei können wir auch offenlassen, ob und wie sich die rein logischen Begriffe und begrifflichen Wahrheiten genau von anderen Fällen unterscheiden (s. Ausblick). Für unsere Zwecke soll es allein darauf ankommen, dass die Schlussformen möglichst allgemein und unkontrovers sind.

Für ein solches Vorgehen spricht vor allem ein wichtiger Grund, der sich aus dem zentralen Anliegen der logischen Analyse von Argumenten ergibt: Die in 1.5 erläuterte und begründete Wegweiserfunktion gültiger Argumentrekonstruktionen besteht schließlich nur dort, wo alle Beteiligten ein Argument auch als gültig anerkennen. Und um diesen wichtigen Beitrag zu konstruktiven Diskussionen leisten zu können, müssen die verwendeten Schlussprinzipien also möglichst allgemein und unkontrovers gültig sein.

Wie sich das bewerkstelligen lässt, wird unser nächstes Thema sein. Fassen wir vorher jedoch die bis jetzt erarbeiteten Ergebnisse kurz zusammen:

Gültig ist ein Argument genau dann, wenn die Konklusion mit logischer Notwendigkeit wahr sein muss, insofern alle Prämissen wahr sind. Und das ist wiederum genau dann der Fall, wenn dem Argument ein gültiges Schlussprinzip zugrunde liegt, das eine begriffliche Wahrheit über diejenigen logischen Begriffe ausdrückt, die in dem Schlussprinzip vorkommen, die also übrig geblieben sind, nachdem von inhaltlichen Ausdrücken abstrahiert wurde.

Daraus ergibt sich bereits eine vorläufige Bestimmung von Logik:

> Arbeitsdefinition: **Logik** besteht im Sammeln, Prüfen und Systematisieren von möglichst unkontrovers gültigen Schlussprinzipien.

In den folgenden Kapiteln werden wir uns ausschließlich mit der Sammlung und Prüfung von unkontrovers gültigen Schlussprinzipien beschäftigen. Damit betreiben wir Logik hier zwar nur in einem grundlegenden Sinne (s. Ausblick), doch logische Argumentanalyse dafür umso umfassender und gründlicher.

Aufgabe

Das folgende Argument begegnete uns bereits in der Aufgabe zu 1.3: »Alle Blumen haben Blüten. Alle Rosen haben Blüten. Also: Alle Rosen sind Blumen.« Formulieren Sie das Schlussprinzip, das diesem Argument zugrunde liegt, und nennen Sie ein Gegenbeispiel, das nachweist, dass das Argument ungültig ist. Hinweis: Solche Gegenbeispiele können hier ohne die mehrfache Anwendung des Schlussprinzips gefunden werden.

2.3 Prinzipien, Allsätze, Widersprüche und Widerlegungen

Wir haben gesehen, wie wichtig es ist, Argumente so zu rekonstruieren, dass alle Beteiligten sie auf Anhieb als gültig erkennen, so dass diese Rekonstruktionen ihre Wegweiserfunktion erfüllen und die Debatte konstruktiv voranbringen können. Gleichzeitig scheinen viele Argumente von Schlussprinzipien Gebrauch zu machen, über die man durchaus kontrovers streiten kann oder die man sogar klarerweise ablehnen sollte. In diesem Abschnitt soll es darum gehen, wie wir mit solchen Fällen umgehen und die Diskussion über die betreffenden Prinzipien selbst in Argumentrekonstruktionen abbilden können.

Der erste Schritt auf diesem Weg besteht darin, sich daran zu erinnern, dass eine Argumentrekonstruktion immer das Ergebnis einer Interpretation eines Arguments darstellt, in der zum Beispiel auch implizit gebliebene Prämissen explizit gemacht und so zum Gegenstand der Diskussion gemacht werden sollen.

Genau dies lässt sich auch auf einen vermeintlich als Schlussprinzip in Anspruch genommenen allgemeinen Zusammenhang anwenden. Anders gesagt: Was kontrovers ist, möge stets als Prämisse erscheinen, so dass gleichzeitig die Begründungsbeziehung als möglichst stark und idealerweise auch gültig ausgewiesen werden kann. Dieser Grundsatz ergibt sich also seinerseits unmittelbar aus dem Prinzip des Wohlwollens und dem Ziel, möglichst nur solche Rekonstruktionen vorzulegen, die die genannte Funktion als Wegweiser erfüllen (s. 1.5).

Ehe wir dies am Beispiel der beiden in 2.2 behandelten Schlussprinzipien verdeutlichen können, sollten wir einen zentralen Begriff genauer betrachten, der die Art von Aussage bestimmt, die als implizite Prämisse zu ergänzen ist. In 2.1 hatten wir ihn bereits kurz erwähnt:

Ein **Allsatz** ist eine Aussage, die besagt, dass etwas auf alles zutrifft. Allsätze können unterschiedlich formuliert werden, doch lassen sie sich stets so reformulieren, dass sie mit dem Begriff ›für alle gilt‹, dem sogenannten **Allquantor**, beginnen. Je komplexer der Allsatz, desto besser ist es, seine interne Struktur durch Allquantoren und **Variablen** präziser zu fassen. Dazu dienen Kleinbuchstaben ab ›x‹. Zum Beispiel:

- allgemeine Form von Allsätzen: ›Alles ist ...‹
  mit Variable: ›Für alle x gilt: ... x ...‹
- einfaches Beispiel: ›Alle Quadrate sind Vierecke.‹
  mit Variable: ›Für alle x gilt: wenn x ein Quadrat ist, dann ist x ein Viereck.‹
  schematisch: ›Alles, was F ist, ist G.‹
  schematisch mit Variable: ›Für alle x gilt: wenn x F ist, dann ist x G.‹
- komplexeres Beispiel: ›Was eine Ursache von etwas ist, liegt zeitlich davor.‹
  mit Variablen: ›Für alle x und y gilt: Wenn x die Ursache von y ist, dann liegt x zeitlich vor y.‹

Mit diesen Hilfsmitteln können wir die Schlussprinzipien 2 und 3 (S. 62, 63) leicht in Allsätze umwandeln und die beiden betreffenden Argumentrekonstruktionen entsprechend überarbeiten. Die Ergebnisse lauten wie folgt:

Rekonstruktion 14: Überarbeitung von Rekonstruktion 11 (S. 62)

P1. Düsseldorf liegt westlich von Jena.
P2. Für alle x und alle y gilt: Wenn x westlich von y liegt, dann liegt y östlich von x.

K. Jena liegt östlich von Düsseldorf.

Rekonstruktion 15: Überarbeitung von Rekonstruktion 12 (S. 63)

P1. Düsseldorf liegt westlich von Jena.
P2. Jena liegt westlich von Dresden.
P3. Für alle x, alle y und alle z gilt: Wenn x westlich von y liegt und y westlich von z, dann liegt x westlich von z.

———

K. Düsseldorf liegt westlich von Dresden.

An der Gültigkeit dieser Rekonstruktionen kann nun keinerlei Zweifel mehr bestehen. Die hier verwendeten Schlussprinzipien sind eng verwandt mit dem gerade in 2.1 ausführlich diskutierten und als begrifflich wahr ausgewiesenen Schlussprinzip 1. Und auch in diesem Fall muss man nur den Begriff ›für alles gilt‹, also den Allquantor, sowie den Begriff der Bedingung verstehen, um das einzusehen. Der einzige Unterschied besteht darin, dass bestimmte Begriffe hier mehrfach in derselben Aussage vorkommen. In 3.1 kommen wir nochmals darauf zurück.

Doch hatten wir nicht gesagt, dass das Schlussprinzip in Rekonstruktion 12 ungültig ist? Dieses Prinzip haben wir in der überarbeiteten Rekonstruktion 15 in P3 als Allsatz dargestellt. Statt nachzuweisen, dass das Argument in Rekonstruktion 12 ungültig ist, können wir nun also einfach nachweisen, dass das Argument in Rekonstruktion 15 mit P3 eine falsche Prämisse enthält, also nicht schlüssig ist. Und auf genau diese Weise lässt sich generell jede Kritik an der Gültigkeit von Schlussprinzipien in eine Kritik an inhaltlichen Prämissen verwandeln, so dass auch hier als Argumentbeziehung ein Angriff vorliegt (s. 1.4). Das bedeutet nicht nur, dass wir keine zusätzliche Argumentbeziehung benötigen, sondern vor allem auch, dass es in der Tat möglich ist, Argumentrekonstruktionen so zu gestalten, dass sich stets alle Beteiligten über die Frage der Gültigkeit von Argumenten einig sein und alle weiteren Kontroversen mit Blick auf die Prämissen führen können.

Wie aber weist man nun nach, dass P3 in Rekonstruktion 15 falsch ist? Auch hierfür gibt es eine universell anwendbare Methode. Unterschwellig haben wir sie schon beinahe angewendet, als wir sagten, dass Rekonstruktion 13 (S. 64) ein Gegenbeispiel darstellt, da es wahre Prämissen, aber eine falsche Konklusion enthält. Gegeben, dass die Prämissen wahr sind, bedeutet das ja nichts anderes als: *Wäre* das betreffende Prinzip – also P3 in Rekonstruktion 15 – tatsächlich wahr, *dann* müsste die Konklusion ebenfalls wahr sein. Weil diese Konklusion aber falsch ist, muss P3 ebenfalls falsch sein. Oder anders gesagt: Wenn wir hypothetisch annehmen, dass P3 wahr ist, dann kommen wir gemeinsam mit anderen wahren Prämissen zu einem Widerspruch: Wir müssten nämlich eine Aussage als wahr bezeichnen, von der wir eigentlich wissen, dass sie falsch ist. Doch da ein Widerspruch nicht wahr sein kann, ist die hypothetische Annahme falsch, denn ihr war dieser Widerspruch zu verdanken.

Das lässt sich auch als allgemeines Rezept fassen:

> **Widerlegen von Prinzipien**: Wenn man ein Schlussprinzip als ungültig kritisieren möchte, dann rekonstruiere man zunächst das Argument als ein gültiges Argument mit einem passenden Allsatz als Prämisse. Deren Falschheit kann man dann in einem eigenen, angreifenden Argument begründen. Um dieses eigene Argument zu formulieren, nehme man die zu widerlegende Prämisse des kritisierten Arguments als eine hypothetische Annahme an und folgere gemeinsam mit anderen Prämissen einen Widerspruch. Damit kann man darauf schließen, dass die betreffende Aussage falsch ist.

Wir haben nun von ›hypothetischen Annahmen‹ gesprochen, sollten aber nochmals genauer festhalten, was unter diesem Begriff zu verstehen ist. Am besten geht das im Kontrast zu Prämissen:

> Eine **Prämisse** ist eine Aussage, mit der die Konklusion eines Arguments begründet werden soll (s. 1.1). Eine **hypothetische Annahme** wird nur um des Arguments willen unterstellt, nicht aber als wahr akzeptiert. Sie soll die Konklusion gerade nicht begründen. Gelegentlich spricht man ungenau von den ›Annahmen‹ eines Arguments und meint damit vielleicht einfach nur seine Prämissen. Doch wir unterscheiden hier präziser ›Prämisse‹ von ›hypothetischer Annahme‹, man könnte auch sagen: ›Annahme um des Arguments willen‹.

Auch aus hypothetischen Annahmen können natürlich Zwischenkonklusionen gefolgert werden, und aus diesen noch weitere Zwischenkonklusionen. Doch Konklusionen dürfen natürlich nicht mehr von hypothetischen Annahmen abhängen. Denn wäre das angemessen, wäre der betreffende Satz ja doch wieder eine Prämisse!

Was das mit Blick auf die Standarddarstellung von Argumentrekonstruktionen genau bedeutet, werden wir in 2.4 noch einmal genauer festhalten. Für den Moment genügt es, sich stets zwei Dinge klarzumachen:

(1) Welche Sätze sind hypothetische Annahmen? Dafür nehmen wir das Kürzel ›H.‹.
(2) Welche Sätze werden auf dieser Grundlage gefolgert? Hinter eine solche Zwischenkonklusion notieren wir ›(angenommen H)‹.

Damit haben wir alles beisammen, was wir brauchen, um das gerade skizzierte Argument präzise zu rekonstruieren.

Da diese Rekonstruktion aber ein wenig komplexer wird als bisher, müssen wir hier bereits einen weiteren Aspekt der Standarddarstellung von Argumentrekonstruktionen vorwegnehmen: Im oder neben dem Schlussstrich werden stets die Kürzel der Sätze angegeben, aus denen die unter dem Kürzel stehende Aussage erschlossen wird. Das Ergebnis liest sich dann wie folgt:

Rekonstruktion 16: Angriff auf Rekonstruktion 15

H. Für alle x, alle y und alle z gilt: Wenn x westlich von y liegt und y westlich von z, dann liegt x westlich von z.
P1. Mexiko liegt westlich von Portugal.
P2. Portugal liegt westlich von Kasachstan.
——— (H, P1, P2) ———
Z1. Mexiko liegt westlich von Kasachstan. (angenommen H)
P3. Kasachstan liegt westlich von Japan.
——— (H, Z1, P3) ———
Z2. Mexiko liegt westlich von Japan. (angenommen H)
P4. Es ist nicht der Fall, dass Mexiko westlich von Japan liegt.
——— (Z2, P4) ———
K. Es ist nicht der Fall, dass für alle x, y und z gilt: Wenn x westlich von y liegt und y westlich von z, dann liegt x westlich von z.

In dieser Rekonstruktion wurde im Vergleich zu Rekonstruktion 13 zwar die hypothetische Annahme H ergänzt, doch die Prämissen P1 bis P3 blieben genau gleich. Die Konklusion aus Rekonstruktion 13 erscheint hier als Z2 und wurde dementsprechend mit »(angenommen H)« markiert. Die Zusatzangabe, dass diese Aussage falsch ist, haben wir hier als eigene Prämisse P4 aufgeführt. Und der Widerspruch zwischen Z2 und

P4 berechtigt uns schließlich zu dem Schluss auf die Konklusion, die besagt, dass H falsch ist.

Das Schlussprinzip, das diesem Schritt zugrunde liegt, können wir aus naheliegenden Gründen als ›Annahmewiderlegung‹ bezeichnen. Es allgemein zu bestimmen, ist in diesem Fall etwas komplexer als sonst. Wir können ›p‹ und ›q‹ als Platzhalterbuchstaben für ganze Aussagen verwenden, müssen aber die besondere Rolle der hypothetischen Annahme beachten. Das Ergebnis sieht dann so aus:

Annahmewiderlegung (AW)

H. p

...

———

Z1. q (angenommen H)

...

———

Z2. nicht q (angenommen H)

——— AW (Z1, Z2) ———

K. nicht p

Varianten:

(a) Die Zwischenkonklusionen können auch andere Nummern bekommen.

(b) Es genügt, wenn mindestens eine der beiden Zeilen, die gemeinsam den Widerspruch bilden, von der zu widerlegenden hypothetischen Annahme abhängt. Die andere kann auch eine unabhängige Zwischenkonklusion oder eine Prämisse sein (vgl. Rekonstruktion 16).

Wir haben nun gesehen, wie man allgemeine Prinzipien in Argumenten nicht als Schlussprinzip, sondern als eine Prämisse in Form eines Allsatzes darstellen kann. Und wir haben gesehen, wie man solche und andere Aussagen widerlegen kann. Neben der Annahmewiderlegung sind dabei aber natürlich auch noch weitere Schlussprinzipien im Spiel, die wir in 3.1 kennenlernen werden. Zum Abschluss dieses Abschnitts bleibt damit nur noch, den Begriff des Widerspruchs etwas genauer in den Blick zu nehmen.

Dieser Begriff ist nämlich dafür verantwortlich, dass das Schlussprinzip Annahmewiderlegung begrifflich wahr ist. Denn ein und dieselbe Aussage kann nicht sowohl wahr als auch falsch sein. Anders gesagt: Eine Aussage der Form ›p und (nicht p)‹, in der für ›p‹ natürlich ein und dieselbe Aussage eingesetzt wird,[24] ist stets falsch. Diesen Grundsatz nennt man das Nichtwiderspruchsprinzip, das spätestens seit Aristoteles als ein Grundpfeiler der Logik verstanden wird – zumindest in der sogenannten Klassischen Logik (s. Ausblick).

Nicht jeder Widerspruch hat jedoch diese glasklare Form, dass genau dieselbe Aussage einmal bejaht und einmal verneint wird. Neben solchen sogenannten kontradiktorischen Widersprüchen gibt es auch konträre Widersprüche. Die Gemeinsamkeiten und Unterschiede lassen sich wie folgt festhalten:

> Ein **Widerspruch** zwischen zwei Aussagen besteht genau dann, wenn es unmöglich ist, dass die Aussagen beide wahr sind. Dabei handelt es sich genau dann um einen **konträren**

24 Und natürlich darf sich der Äußerungskontext nicht ändern, während die Aussage formuliert wird. Sonst könnten Aussagen, die sogenannte Indikatoren verwenden (vgl. S. 81), für einfache Gegenbeispiele sorgen. Zum Beispiel, wenn für ›p‹ die Aussage »Du bist dabei« eingesetzt wird, und die Sprecherin bei den beiden ›Dus‹ auf verschiedene Personen zeigt.

Widerspruch, wenn es zudem möglich ist, dass die Aussagen beide falsch sind. Und es handelt sich genau dann um einen **kontradiktorischen** Widerspruch, wenn es unmöglich ist, dass die Aussagen beide falsch sind.

Ein konträrer Widerspruch liegt beispielsweise bei den Aussagen »Ich bin genau 1,70 m groß« und »Ich bin genau 1,80 m groß« vor. Beide Aussagen können nicht gleichzeitig wahr, aber natürlich können beide gleichzeitig falsch sein. Weitere klassische Beispiele lassen sich mit ähnlichen genauen Zahlenangaben oder Zuschreibungen einer bestimmten Farbigkeit formulieren.

Kontradiktorische Widersprüche hingegen finden sich vor allem bei Aussagen und ihren direkten Verneinungen. »Ich bin genau 1,70 m groß« und »Es ist nicht der Fall, dass ich genau 1,70 m groß bin« sind zwei Aussagen, die nicht beide wahr, aber auch nicht beide falsch sein können. Es ist stets genau eine der beiden Aussagen wahr und die jeweils andere Aussage falsch.

Konträre Widersprüche scheinen auf den ersten Blick nicht so recht zu den Werkzeugen der Argumentanalyse zu passen, die wir bisher behandelt haben. Sowohl die Argumentbeziehung des Angriffs als auch das Schlussprinzip Annahmewiderlegung erfordern ja einen kontradiktorischen Widerspruch – also eine Aussage und ihre exakte Verneinung. Doch man kann jeden konträren Widerspruch leicht in einen kontradiktorischen Widerspruch überführen, indem man eine passende implizite Prämisse ergänzt und einen einfachen Schlussschritt vollzieht: Wenn ›p‹ und ›q‹ in konträrem Widerspruch zueinander stehen, dann ist die Aussage ›wenn p, dann nicht q‹ wahr, so dass man gemeinsam mit ›p‹ als Prämisse leicht auf ›q und nicht q‹ schließen kann. Ähnliches gilt für die Argumentbeziehung der Stützung, in der eine exakt gleiche Aussage erforderlich ist. Stützt die Aussage »Der Ball ist rot« nicht intuitiv bereits die Aussage »Der Ball ist farbig«? Doch wenn eine Aussage ›p‹ eine andere Aussage ›q‹ tatsächlich stützt, dann bedeutet das natürlich, dass die Aussage ›wenn p, dann q‹ wahr ist und man diese als implizite Prämisse ergänzen kann.

Solche Brückenaussagen und Zwischenschritte einzubauen, kann leicht übertrieben spitzfindig wirken. Doch in Wahrheit ist dieses Vorgehen genauso gut durch das Prinzip des Wohlwollens begründet wie die Strategie der Ergänzung von impliziten Prämissen und von Allsätzen bei potentiell kontroversen Schlussprinzipien. Denn gelegentlich wird ja seinerseits kontrovers darüber diskutiert, welche Aussagen im Widerspruch zueinander stehen und dementsprechend nicht gleichzeitig wahr sein können. Oder man diskutiert, welche Aussagen einander unmittelbar stützen.

Ein gutes Beispiel liefert die Frage, ob und wo es einen Widerspruch zwischen den Aussagen »Meine Handlungen sind durch physische Ursachen vollständig bestimmt.« und »Ich bestimme meine Handlungen selbst und frei.« gibt. Diese Frage wird uns in Kapitel 4 auch inhaltlich beschäftigen. Den genauen Ort einer vermeintlichen Widersprüchlichkeit oder den genauen Zusammenhang einer vermeintlichen direkten Stützung herauszuarbeiten, trägt oft entscheidend zum Fortschritt der gemeinsamen Erkenntnis in einer Debatte bei. Um solch einen Fortschritt zu erreichen, ist es wichtig, die impliziten Brückenaussagen explizit zu benennen, um auch über diese diskutieren zu können.

Aufgabe

Untersuchen Sie das folgende Argument: »Österreich ist nicht größer als Deutschland. Also: Deutschland ist größer als Österreich.« Rekonstruieren Sie dieses Argument in Standardform und ergänzen Sie einen passenden Allsatz als implizite Prämisse. Finden Sie ein eigenes Beispiel, das zeigt, dass dieser Allsatz falsch ist, und stellen Sie die Widerlegung dieses Allsatzes in einem Argument in Standardform dar.

2.4 Logisch-semantisches Handwerkszeug

In den folgenden Kapiteln werden wir Schlussprinzipien für die Praxis der Argumentanalyse auffinden, sammeln und prüfen. Dafür müssen wir unser Handwerkszeug besser ordnen, insbesondere mit Blick auf den Begriff des Schlussprinzips und die Rolle der Platzhalterbuchstaben. Zuvor sollten wir jedoch auch darauf zurückkommen, was wir bis hierher bereits an verschiedenen Stellen über die Darstellung von Argumentrekonstruktionen gesagt haben, und dies noch einmal umfassend beschreiben:

Eine **Standarddarstellung** (oder Standardform) einer Argumentrekonstruktion ist eine Liste von Thesen, deren Aufzählungszeichen passende Kürzel sind:

- ›K.‹ für die Konklusion,
- ›P1.‹, ›P2.‹ usw. für die fortlaufend nummerierten Prämissen,
- ggf. ›Z.‹ oder ›Z1.‹, ›Z2.‹ usw. für eine oder mehrere Zwischenkonklusionen und
- ggf. ›H.‹ oder ›H1.‹, ›H2.‹ usw. für eine oder mehrere hypothetische Annahmen.

Über Aussagen, die aus voranstehenden Aussagen gefolgert werden, werden Querstriche eingefügt. Dabei wird angegeben, welcher Schlussschritt hier vollzogen wird. Es werden also die verwendeten Schlussprinzipien und die Kürzel der Aussagen genannt, aus denen geschlossen wurde. Dabei ist die Reihenfolge der Aussagen, aus denen gefolgert wird, gleichgültig. Zwischen diesen Aussagen dürfen auch andere Aussagen stehen.

Kommen hypothetische Annahmen vor, gilt zudem:

- Folgt eine Aussage ›q‹ unter anderem aus einer hypothetischen Annahme H, dann lautet die Zwischenkonklusion ›q (angenommen H)‹ – und nicht einfach ›q‹.
- Folgt eine weitere Aussage ›r‹ unter anderem aus einer Aussage ›q (angenommen H)‹, dann lautet diese weitere Zwischenkonklusion ›r (angenommen H)‹ – und nicht einfach ›r‹.
- Sollten mehrere hypothetische Annahmen vorkommen, werden sie gemeinsam genannt, etwa so: ›(angenommen H1, H2)‹.

Auf diese Weise lässt sich Rekonstruktion 2, in der Schlussprinzip 1 verwendet wird, wie folgt vervollständigen:

Rekonstruktion 17: Rekonstruktion 2 mit Schlussprinzip

P1. Dass wir einen Körper oder ein Gehirn haben, glauben wir nur aufgrund unserer Sinneswahrnehmung.

P2. Was wir nur aufgrund unserer Sinneswahrnehmung glauben, könnte falsch sein.

— Aus ›Fa‹ und ›Alles, was F ist, ist G‹ folgt ›Ga‹. (P1, P2) —

K. Es könnte falsch sein, dass wir einen Körper oder ein Gehirn haben.

Um häufig verwendete Schlussprinzipien nicht immer in voller Länge notieren zu müssen, werden wir im Folgenden auch Namen oder auch Kürzel für diese Schlussprinzipien einführen – ähnlich wie bereits bei der Annahmewiderlegung (AW).

Doch sollten wir nicht nur Beispiele für Schlussprinzipien anführen, sondern erst einmal genauer festhalten, was ein Schlussprinzip eigentlich genau ist:

Ein **Schlussprinzip** ist ein struktureller Zusammenhang zwischen einer begründeten Aussage und einer oder mehreren begründenden Aussagen, demzufolge Aussagen der ersten Form aus Aussagen der anderen Form(en) folgen. Ein Schlussprinzip notieren wir wie folgt, hier exemplarisch mit zwei begründenden Aussagen (und analog mit anderen Anzahlen), wobei für die verschiedenen Auslassungszeichen verschiedene Aussageformen eingesetzt werden:

Darstellung als Aussage: Aus ›...‹ und ›__‹ folgt ›+++‹.
Darstellung als Schlussschema:

...
__
———
+++

Die Reihenfolge der Aussagen, aus denen gefolgert wird, ist gleichgültig und zwischen den Aussagen dürfen auch andere Aussagen stehen.

Zur Aufzählung: Anders als in der Standarddarstellung einer Argumentrekonstruktion werden die betreffenden Aussageformen hier stets ohne die Kürzel genannt. Die Aussagen, aus denen geschlossen wird, können Prämissen, hypothetische Annahmen oder Zwischenkonklusionen sein. Die gefolgerte Aussage kann eine Zwischenkonklusion oder die Konklusion sein.

Natürlich unterscheidet es sich von Fall zu Fall, welche Aussageformen in einem spezifischen Schlussprinzip vorkommen.

Hier sind die Platzhalterbuchstaben einschlägig, die wir zum Teil bereits kennengelernt haben.

Ein **Platzhalterbuchstabe** ist ein Zeichen, das in einer Aussageform oder einem Schlussprinzip eine Leerstelle für inhaltliche Ausdrücke einer bestimmten Art markiert. Dabei unterscheiden wir insbesondere drei verschiedene logisch-semantische Arten von Ausdrücken, die wir noch ausführlicher erläutern werden, voneinander:

- ›p‹, ›q‹, ›r‹ usw. sind Platzhalter für ganze Aussagen, die wahr oder falsch sein können.
- ›a‹, ›b‹, ›c‹ usw. sind Platzhalter für singuläre Termini, also für Ausdrücke, die etwas Einzelnes bezeichnen.
- ›F‹, ›G‹, ›H‹ usw. sind Platzhalter für generelle Termini, also für Ausdrücke, die etwas Generelles bezeichnen, das auf Einzelnes zutreffen kann.

Wie sind diese drei Arten von Ausdrücken genauer zu verstehen?

Eine ganze **Aussage**, die auch als ›deklarative‹ Aussage oder ›These‹ bezeichnet werden kann, ist ein Satz, der etwas aussagt, das wahr oder falsch sein kann – anders etwa als Fragen oder Imperative. Zu dieser Gruppe von Aussagen gehören etwa:

- Elementaraussagen wie »Gott existiert« oder »Ich habe Durst« oder
- logisch-semantisch komplexe Aussagen wie »Entweder das stimmt oder wir stecken in noch größeren Schwierigkeiten« oder »Wenn Gott die Übel in der Welt nicht beheben kann, dann ist Gott entweder nicht allwissend oder nicht vollkommen gütig oder nicht vollkommen mächtig«.

In der Philosophie wird gelegentlich bestritten, dass bestimmte Arten von Aussagen tatsächlich im vollen Sinne wahr oder falsch sein können – wie etwa moralische oder ästhetische Aussagen. Diese Diskussion müssen wir jedoch hier nicht führen: Für die Zwecke der Argumentanalyse reicht es völlig aus, dass wir mindestens von der Sprache her gesehen ganz unproblematisch Wahrheit und Falschheit zuschreiben können. Zum Beispiel: »Dass Goethe der beste deutschsprachige Poet sein soll, ist einfach falsch.« Oder: »Es ist doch wohl unbestreitbar wahr, dass Grausamkeit gegenüber Kindern moralisch verwerflich ist.«

Für manche Schlussprinzipien sind ausschließlich vollständige, ganze Aussagen und deren Verknüpfungen wichtig. Hier spricht man dementsprechend von Schlussprinzipien der Aussagenlogik. Für andere Schlussprinzipien ist darüber hinaus die Analyse der internen Struktur von Aussagen durch singuläre und generelle Termini relevant. Diese Schlussprinzipien gehören zu der sogenannten Prädikatenlogik. ›Prädikat‹ ist dabei schlicht ein anderer Name für einen generellen Terminus. Doch was versteht man unter singulären und generellen Termini genauer?

Ein **singulärer Terminus** ist ein Ausdruck, der etwas Einzelnes bezeichnet (einen einzelnen Gegenstand in einem weiten Sinne). Das umfasst:

- Eigennamen wie z. B. »Gottlob Frege« oder »die Bundesrepublik Deutschland«,
- definite Kennzeichnungen wie etwa »die jüngste Person in diesem Raum« oder »die größte im Jahr 2021 bekannte Primzahl« oder
- Indikatoren wie etwa »hier«, »ich« oder »gestern«.

Diese drei Arten von singulären Termini müssen für die Zwecke der logischen Argumentanalyse praktisch nie voneinander unterschieden werden. Sie stehen hier nur zum Zwecke der Illustration der Bandbreite verschiedener singulärer Termini.

Bei generellen Termini ist deren Unterscheidung nach ihrer sogenannten Stelligkeit aber durchaus wichtig:

> Ein **genereller Terminus** ist ein Ausdruck, der etwas Generelles bezeichnet (eine Eigenschaft in einem weiten Sinne), das auf Einzelnes zutreffen kann – bei einstelligen generellen Termini auf einzelne Gegenstände in einem weiten Sinne und bei mehrstelligen auf Gruppen von einzelnen Gegenständen in einem weiten Sinne. Man spricht in diesem Zusammenhang auch von ›Prädikaten‹ und ›relationalen Prädikaten‹. Zu diesen gehören:
>
> - einstellige generelle Termini wie etwa »… ist rot«, »… hat Kinder«, »… kann sinnlich wahrgenommen werden« oder »… kennt alle Texte von Wittgenstein« und
> - mehrstellige generelle Termini wie etwa die zweistelligen generellen Termini »… ist ein Kind von …« oder »… wurde verursacht von …« usw.
>
> Bei mehrstelligen generellen Termini ist es sehr wichtig, in welcher Reihenfolge die singulären Termini stehen. Wie die Beispiele zeigen, macht diese Reihenfolge einen Unterschied im Gehalt der auf diese Weise gebildeten Aussagen.

Unter anderem durch die Verwendung singulärer und genereller Termini können auch komplexe Platzhalter für ganze Aussagen, die wahr oder falsch sein können, gebildet werden:

Eine logisch-semantisch **komplexe Aussage** kann auch mit den für alle Aussagen üblichen Platzhalterbuchstaben ›p‹, ›q‹, … dargestellt werden. Doch zum Verständnis mancher Schlussprinzipien ist eine genauere Analyse der internen Struktur der Aussage wichtig, etwa:

- ›Fa‹ steht für: der einstellige generelle Terminus F trifft auf a zu, etwa »Der Rhein ist lang«.
- ›Gab‹ steht für: der zweistellige generelle Terminus G trifft auf a und b zu (in dieser Reihenfolge!), z. B. »Jena liegt östlich von Düsseldorf«.
- ›Für alle x gilt: wenn Fx, dann Gx‹ steht für: Auf alles, auf das der einstellige generelle Terminus F zutrifft, trifft auch der einstellige generelle Terminus G zu, etwa »Alle Quadrate sind Vierecke« oder »Für alle x gilt: wenn x ein Quadrat ist, dann ist x ein Viereck«.

Um die Struktur von einigen komplexen Aussagen genauer analysieren zu können, sind **Variablen** hilfreich. Solche Variablen sind jedoch keine Platzhalterbuchstaben, denn sie markieren keine Auslassungen in Aussageformen. Es handelt sich vielmehr um Hilfsmittel, um bestimmte vollständige, inhaltliche Aussagen möglichst präzise darzustellen, namentlich Allsätze (s. 3.1) und Existenzsätze (s. 4.6).

Noch eine kurze Schlussbemerkung zu diesen prädikatenlogischen Analysewerkzeugen: An den wenigen genannten Beispielen lässt sich leicht nachvollziehen, dass wir hier von Gegenständen und Eigenschaften in einem weiten, losen Sinne sprechen. Für singuläre Termini kommt es einzig und allein darauf an, dass sie die Funktion haben, etwas Einzelnes zu bezeichnen. Um was für eine Art von Gegenstand (oder ›Gegenstand‹) es sich dabei handelt, ist ebenso unwichtig wie die Beantwortung der Frage, ob man in einem strengen Sinne überhaupt akzeptieren möchte, dass wir es hier mit einem Einzelding zu tun haben. Und ebenso kommt es bei generellen Termini einzig und allein darauf an, dass sie die Funktion haben, etwas Allgemeines zu bezeichnen. Welche Art von Eigenschaft (oder ›Eigenschaft‹) im Spiel ist, lässt sich ausklammern. Und die Frage, ob hier Eigenschaften im vollen Sinne vorliegen, genauso.

Nehmen wir zum Beispiel das folgende Argument: »Smaug ist ein Drache. Alle Drachen lieben Schätze. Also liebt Smaug Schätze.« Selbst dann, wenn wir der Meinung sind, dass Smaug gar nicht existiert, dass es gar keine Drachen und vielleicht sogar, dass es die Eigenschaft, ein Drache zu sein, gar nicht gibt, folgt davon völlig unabhängig das Argument Schlussprinzip 1 und ist dementsprechend gültig. Kurz: Für die Zwecke der logischen Argumentanalyse beschränken wir uns allein auf Begriffe und Strukturen. Was wirklich wirklich ist, ist eine andere Frage.

So weit nun unser Handwerkszeug zur Analyse von Schlussprinzipien. In den folgenden Kapiteln werden wir immer wieder auf diese Grundlagen zurückgreifen, wenn wir einzelne Schlussprinzipien identifizieren und prüfen.

Aufgabe

Versuchen Sie, das im folgenden Absatz formulierte Argument in Standardform zu rekonstruieren und das verwendete Schlussprinzip zu formulieren. Verwenden Sie dazu den zweistelligen generellen Terminus »… ist identisch mit …«, kurz »… = …«.

»Man kann lange darüber streiten, wie nah die Romantik dem heutigen digitalen Zeitalter ist. Was aber auf jeden Fall feststeht: Lord Byron ist der Vater der Erfinderin des Computers. Das lässt sich auch leicht folgern, sobald man die richtigen Fakten berücksichtigt: Ada Lovelace gilt nämlich mit Fug und Recht als Erfinderin des Computers. Und ihr Vater ist eben Byron.«

3 Bedingungen und Erkenntnis

Nach den Grundlagen der Interpretation und der logischen Analyse von Argumenten wenden wir uns nun konkreten Beispielen und typischen Argumentformen zu. Im Mittelpunkt dieses Kapitels stehen Bedingungen und die verschiedenen gültigen Schlussformen, die durch bestimmte Bedingungen und deren jeweilige Zusammenhänge gestiftet werden. Die Textgrundlage für die dabei behandelten Beispiele bildet vor allem Kapitel 2 »Woher wissen wir etwas?« aus Nagels kleiner Einführung, mit dem wir uns hier ebenso umfassend wie abschließend beschäftigen werden, sowie ein Auszug aus dem thematisch mit diesem Kapitel eng verknüpften Kapitel 3 »Das Fremdpsychische«.

3.1 Erfüllte Bedingungen

In den ersten beiden Kapiteln haben wir neben der Annahmewiderlegung auch drei weitere Schlussprinzipien identifiziert, ohne ihnen jedoch eigene Namen zu geben. Das sind einerseits Schlussprinzip 1 (S. 57) sowie andererseits die beiden Schlussprinzipien, die wir in 2.2 formuliert und in 2.3 in Allsätze umgewandelt haben. Im folgenden Abschnitt werden wir sehen, dass sich diese Schlussprinzipien auf noch fundamentalere Schlussprinzipien zurückführen lassen, die praktisch überall dort vorkommen, wo argumentiert wird. Dabei soll es vor allem um die Erfüllung von Bedingungen, insbesondere von allgemeinen Bedingungen gehen.

Beginnen wir mit Schlussprinzip 1, das wir bereits als gültig ausgewiesen haben. Zur Erinnerung: Aus ›a ist F‹ und ›Alles, was F ist, ist G‹ folgt ›a ist G‹. Dass dies folgt, liegt allein daran, dass die in diesem Schema verwendeten Begriffe das bedeuten, was sie bedeuten – insbesondere der Begriff ›für alles gilt‹ und der Begriff der Bedingung. Um das noch genauer zu begründen, werden wir im Folgenden zwei Schritte und zwei spezifischere Schlussprinzipien voneinander unterscheiden.

Im ersten Schritt untersuchen wir nur den Begriff ›für alles gilt‹, also den Allquantor, der jeden Allsatz einleitet (s. S. 67 f.). Dieser Begriff enthält ganz offensichtlich, dass etwas, das auf alles zutrifft, auch auf etwas beliebiges Konkretes zutreffen muss. Aus einem Allsatz kann man also stets einen Satz folgern, der das, was der Allsatz von allem aussagt, auch für etwas konkretes Einzelnes aussagt.

Diese Einsicht kann man in Form des folgenden Schlussprinzips festhalten:

Spezialisierung (S)

Für alle x gilt: … x …
——— S ———
… a …

Dieses Schema umfasst unter anderem das folgende spezifischere und häufig anzutreffende Schema:

Alles, was F ist, ist G. (= Für alle x gilt: wenn x F ist, dann ist x G.)
——— S ———
Wenn a F ist, dann ist a G.

Schlussprinzip 1 begegnete uns zuerst in Rekonstruktion 2 (S. 23), und später auch in Rekonstruktion 9 (S. 54), dem traditionellen Standardbeispiel für einen gültigen Schluss. Was wäre, wenn wir diese Rekonstruktionen derart überarbeiten würden, dass wir zunächst das eben bestimmte Schlussprinzip Spezialisierung verwenden?

Beginnen wir mit dem weniger aufwendigen Beispiel. Es ist

leicht zu erkennen, welcher singuläre Terminus hier beim Schlussschritt der Spezialisierung eingesetzt werden muss. Die Prämisse besagt, dass alle Menschen sterblich sind, und wenn das wahr ist, dann gilt es für Sie und mich und überhaupt. Es gilt sogar für alles, das kein Mensch ist: *Wenn* die Zahl 3 ein Mensch ist, dann ist sie sterblich. Doch wissen wir, dass sie kein Mensch ist, und würden deswegen vielleicht eher ›wäre‹ statt ›ist‹ verwenden bzw. in die Möglichkeitsform ausweichen. Und insofern ist diese Schlussfolgerung zwar gültig gemäß dem Schlussprinzip Spezialisierung, aber auch reichlich uninteressant. Denn im aktuellen Argument geht es ja um Sokrates. Wir gelangen damit zu dem folgenden Zwischenergebnis:

Rekonstruktion 18: Überarbeitung von Rekonstruktion 9

P1. Sokrates ist ein Mensch.
P2. Alle Menschen sind sterblich. (Für alle x: Wenn x ein Mensch ist, dann ist x sterblich.)
——— S (P2) ———
Z. Wenn Sokrates ein Mensch ist, dann ist Sokrates sterblich.
——— ? (P1, Z) ———
K. Sokrates ist sterblich.

Offensichtlich kann hier die Konklusion unmittelbar aus P1 und der durch den Spezialisierungsschritt gewonnenen Zwischenkonklusion Z gefolgert werden. Ehe wir diesen zweiten Schritt genauer behandeln, untersuchen wir noch einmal den parallelen, etwas komplexeren Fall aus Rekonstruktion 2. Hier, so hatten wir in 2.1 herausgearbeitet, ist der relevante singuläre Terminus ein Name für einen möglichen Gehalt von Aussagen oder Überzeugungen, nämlich »dass wir einen Körper oder ein Gehirn haben«. Damit ergibt sich Folgendes:

Rekonstruktion 19: Überarbeitung von Rekonstruktion 2

P1. Dass wir einen Körper oder ein Gehirn haben, glauben wir nur aufgrund unserer Sinneswahrnehmung.
P2. Alles, was wir nur aufgrund unserer Sinneswahrnehmung glauben, könnte falsch sein.
——— S (P2) ———
Z. Wenn wir nur aufgrund unserer Sinneswahrnehmung glauben, dass wir einen Körper oder ein Gehirn haben, dann könnte es falsch sein, dass wir einen Körper oder ein Gehirn haben.
——— ? (P1, Z) ———
K. Dass wir einen Körper oder ein Gehirn haben, könnte falsch sein.

Auch hier wird unmittelbar deutlich, dass K aus P1 und Z folgt. Ja, es handelt sich dabei um einen Schluss von genau derselben Form wie in Rekonstruktion 18. Die in der Konklusion begründete Aussage taucht nämlich vollständig in beiden Fällen der Zwischenkonklusion jeweils hinter dem ›dann‹ wieder auf. Vor diesen Stellen wird durch ›wenn‹ eine Bedingung genannt, eine weitere vollständige Aussage, die sich in beiden Fällen auch exakt in P1 wiederfindet. Damit folgen diese Schlüsse dem vermutlich bekanntesten gültigen Schlussprinzip, nämlich dem:

Modus Ponens (MP)

wenn p, dann q
p
——— MP ———
q

Als Ergebnis lässt sich zusammenfassen, dass alle Schlüsse, die Schlussprinzip 1 verwenden, durch eine Kombination der Schlussprinzipien Spezialisierung und Modus Ponens beschrieben werden können.

Prinzipiell könnte man sich natürlich auch dafür entscheiden, Schlussprinzip 1 mit einem eigenen Namen zu versehen. Doch für das Projekt, möglichst einschlägige und brauchbare Schlussprinzipien für die Argumentanalyse zusammenzustellen, wollen wir hier lieber darauf verzichten. Zum einen benötigen wir die Spezialisierung und den Modus Ponens ohnehin auch in anderen Fällen. Und zum anderen können wir die durch die Zwischenschritte entstehenden Verlängerungen der Argumentrekonstruktionen auch dadurch aufheben, dass wir die Anwendung beider Schlussprinzipien in nur einem Schlussschritt darstellen, etwa so:

Rekonstruktion 20: Verkürzte Rekonstruktion 19

P1. Dass wir einen Körper oder ein Gehirn haben, glauben wir nur aufgrund unserer Sinneswahrnehmung.
P2. Alles, was wir nur aufgrund unserer Sinneswahrnehmung glauben, könnte falsch sein.
——— S, MP (P1, P2) ———
K. Es könnte falsch sein, dass wir einen Körper oder ein Gehirn haben.

Eine solche verkürzte Darstellung sollte man jedoch nur dann wählen, wenn man sich dessen ganz sicher ist, wie die gemeinsam genannten Schlussprinzipien individuell anzuwenden sind und welche auf diesem Weg entstehenden Zwischenkonklusionen ausgelassen werden. Vor allem wenn man damit beginnt, die Rekonstruktion von Argumenten zu üben, ist es also im Zweifelsfall besser, immer jeden Einzelschritt explizit zu machen.

Dass wir die Schlussprinzipien Spezialisierung und Modus Ponens ohnehin auch in anderen Kontexten benötigen, zeigt sich etwa im Zusammenhang mit den beiden eingangs genannten verbleibenden Schlussprinzipien, die wir in 2.3 in Allsätze umgewandelt haben. Die Schlüsse der so entstandenen, überarbeiteten Rekonstruktionen 14 und 15 (S. 68, 69) entsprechen genau den genannten Schlussprinzipien. Der einzige Unterschied liegt darin, dass in diesen Fällen die Spezialisierung mehrfach angewendet werden muss. Diese beiden Schritte sind zwar geradezu prädestiniert dazu, gemeinsam angewendet zu werden, um den Schreibaufwand zu verringern. In diesem Fall sollten wir sie uns jedoch noch einmal im Detail anschauen:

Rekonstruktion 21: Überarbeitung von Rekonstruktion 14

P1. Düsseldorf liegt westlich von Jena.
P2. Für alle x und alle y gilt: Wenn x westlich von y liegt, dann liegt y östlich von x.
——— S (P2) ———
Z1. Für alle y gilt: Wenn Düsseldorf westlich von y liegt, dann liegt y östlich von Düsseldorf.
——— S (Z1) ———
Z2. Wenn Düsseldorf westlich von Jena liegt, dann liegt Jena östlich von Düsseldorf.
——— MP (P1, Z2) ———
K. Jena liegt östlich von Düsseldorf.

Die mehrfache Anwendung der Spezialisierung macht wirklich den einzigen Unterschied im Vergleich zu den vorherigen Argumenten aus. Doch muss man beim letzten verbleibenden Beispiel in Rekonstruktion 15 noch einen weiteren Gesichtspunkt beachten: Wenn wir diesmal die insgesamt dreifache Anwendung der Spezialisierung in nur einen Schlussschritt zusammenfassen, kommen wir hier zu der folgenden überarbeiteten Rekonstruktion:

Rekonstruktion 22: Überarbeitung von Rekonstruktion 15

P1. Düsseldorf liegt westlich von Jena.
P2. Jena liegt westlich von Dresden.
P3. Für alle x, alle y und alle z gilt: Wenn x westlich von y liegt und y westlich von z, dann liegt x westlich von z.
——— S (P3) ———
Z. Wenn Düsseldorf westlich von Jena liegt und Jena westlich von Dresden, dann liegt Düsseldorf westlich von Dresden.
——— ? (P1, P2, Z) ———
K. Düsseldorf liegt westlich von Dresden.

Es leuchtet unmittelbar ein, dass die Konklusion nun zwingend aus P1, P2 und Z folgt. Streng genommen entspricht dieser Schluss natürlich nicht dem nun erst präzise formulierten Schema des Modus Ponens – und zwar allein schon deswegen, weil wir hier aus drei statt aus zwei Aussagen folgern. Allerdings: Wären die Aussagen in P1 und P2 in einer einzigen Aussage mit ›und‹ verbunden, hätten wir es wieder mit dem bekannten Modus Ponens zu tun.

Die gute Nachricht nach all dieser Pingeligkeit lautet: Die gesuchte Aussage folgt natürlich unmittelbar aus den genannten Prämissen. Wann immer zwei Aussagen ›p‹ und ›q‹ wahr sind, ist auch die Aussage ›p und q‹ wahr. Umgekehrt gilt dies natürlich auch. Man muss nur verstehen, was ›und‹ bedeutet, und schon liegen diese Zusammenhänge klar auf der Hand.

Eine ›und‹-Verknüpfung nennt man auch ›Konjunktion‹. Daher bestimmen wir das betreffende Schlussprinzip so:

Konjunktionsprinzip (K)

Form 1:

p

q

——— K ———

p und q

Form 2:

p und q

——— K ———

p

Varianten: Die Reihenfolge der mit ›und‹ verbundenen Teilaussagen ist beliebig.

Ein Argument, in dem allein das Konjunktionsprinzip vorkäme, wäre natürlich völlig uninteressant, ähnlich wie bei der Spezialisierung. Vor allem spielt das Argument dort eine Rolle, wo mehrere Bedingungen erst gemeinsam vorliegen müssen, um per Modus Ponens auf eine Konklusion schließen zu können – also so wie hier. Anstelle des Fragezeichens in Rekonstruktion 22 können wir also einfügen: »K, MP«.

Im Rückblick auf 2.3 können wir abschließend festhalten, dass die Widerlegung von Allsätzen durch Gegenbeispiele per Annahmewiderlegung stets gültig und vollständig dargestellt werden kann, wenn die Schlussprinzipien Spezialisierung und Modus Ponens sowie gegebenenfalls das Konjunktionsprinzip verwendet werden.

Aufgabe 1

Überarbeiten Sie Rekonstruktion 15 (S. 69) dadurch, dass Sie ein oder mehrere passende, hier bestimmte Schlussprinzipien verwenden und eine oder mehrere Zwischenkonklusionen einbauen.

Aufgabe 2

Rekonstruieren Sie das folgende Argument:

»Auch wenn das schwer zu begreifen scheint, ist doch eigentlich klar, dass das Leid in der Welt unvermeidlich ist. Denn wir wissen doch, dass Gott existiert. Und wenn er existiert, dann ist er auch vollkommen. Natürlich gilt auch, dass es Leid in der Welt gibt. Doch wenn Gott vollkommen ist und es dennoch Leid in der Welt gibt, dann steht fest, dass dieses Leid unvermeidlich ist.«

3.2 Hinreichende und notwendige Bedingungen

Seit unserer ersten Beschäftigung mit skeptischen Argumenten aus Nagels Kapitel 2 »Woher wissen wir etwas?« in 1.2 haben wir viele allgemeine Dinge über Argumente und über logische Argumentanalyse überhaupt kennengelernt. Nun ist es allerhöchste Zeit, endlich weitere Themen und Argumente zu behandeln.

Nach der Diskussion einiger skeptischer Überlegungen bespricht Nagel noch eine Auffassung, die deutlich weiter geht. Er schreibt:

> Die radikalste Konsequenz, die ich hieraus ziehen könnte, wäre die Annahme, dass mein eigenes Bewusstsein in der Tat das einzige *ist*, was es gibt. Diese Auffassung nennt man »Solipsismus«. Eine recht einsame Auffassung, die nicht von

> vielen Leuten vertreten worden ist. Diese Bemerkung macht bereits klar, dass ich sie auch nicht vertrete. Wäre ich ein Solipsist, so schriebe ich dieses Buch vermutlich nicht [...].[25]

Am Ende dieser Passage – deren Fortgang wir in Kürze noch einmal aufgreifen werden – steht die Aussage, dass Nagel selbst kein Solipsist ist. Und er begründet diese Aussage ebenso kurz wie eingängig mit der Prämisse, dass er dieses Buch nicht schreiben würde, wenn er Solipsist wäre. (Das »vermutlich« klammern wir aus.) Diese Prämisse allein kann jedoch kaum ausreichen, um aus ihr die Konklusion gültig folgern zu können. An dieser Stelle haben wir es vermutlich erneut mit einer impliziten Prämisse zu tun, und zwar einer, die man dem Autor des Arguments ganz offensichtlich plausiblerweise unterstellen kann. In der folgenden Rekonstruktion ist sie bereits als P2 ergänzt:

Rekonstruktion 23

P1. Wenn ich ein Solipsist bin, dann schreibe ich dieses Buch nicht.
P2. Ich schreibe dieses Buch.
——— ? (P1, P2) ———
K. Ich bin kein Solipsist.

Ist dieser Schluss gültig? Um das zu prüfen, können wir das in Kapitel 2 entwickelte Handwerkszeug verwenden: Welche Struktur hat das Argument? Und lassen sich Argumente der gleichen Form finden, die von wahren Prämissen zu falschen Konklusionen führen?

An der Struktur des Arguments ist leicht zu erkennen, dass in diesem Argument zwei vollständige Aussagen vorkommen,

25 Nagel 2012, S. 15.

die in einem Fall bejaht und im anderen Fall verneint werden. In der ersten Prämisse werden die Aussagen mit ›wenn‹ und ›dann‹ miteinander verbunden. Die Aussage hinter dem ›dann‹ – »Ich schreibe dieses Buch nicht« – wird in der zweiten Prämisse, und die Aussage hinter dem ›wenn‹ – »Ich bin Solipsist« – wird in der Konklusion verneint. Und dem Argumentschema, das auf diese Weise herausgearbeitet wurde, liegt tatsächlich ein gültiges Schlussprinzip zugrunde, das sich wie folgt formulieren lässt:

Modus Tollens (MT)

wenn p, dann q
nicht q
——— MT ———
nicht p

Varianten: Die Form der Widersprüche ist beliebig. Entscheidend ist allein, dass die gefolgerte Aussage und die Aussage hinter dem »wenn« ebenso wie die Aussage hinter dem »dann« und die Aussage in der anderen Prämisse in einem kontradiktorischen Widerspruch zueinander stehen. Beispiel: Aus ›wenn nicht p, dann nicht q‹ und ›q‹ folgt ›p‹.

Warum ist der Modus Tollens ein gültiges Schlussprinzip? Das können wir auf gleich zwei verschiedene Weisen zeigen, zum einen mit Blick auf die Bedeutung der betreffenden Begriffe und zum anderen mit Blick auf die Schlussprinzipien, die wir bis hierher bereits als gültig erkannt haben.

So lässt sich der Modus Tollens nämlich unmittelbar über eine Annahmewiderlegung aus dem Modus Ponens herleiten. Allein aus der Argumentstruktur heraus können wir das wie folgt beweisen: Angenommen, p. Dann könnte man mithilfe des Modus Ponens darauf schließen, dass q. Nun wissen wir aber, dass nicht q, denn das besagt ja die andere Prämisse. Die hypothetische Annahme p führt also zu einem Widerspruch. Demnach ist sie falsch.

Die beiden zentralen Begriffe, die dem Modus Tollens zugrunde liegen, sind die Verneinung und die in Aussagen mit ›wenn, dann‹ ausgedrückten Bedingungen, die wir bereits aus dem Modus Ponens kennen. Solche ›wenn-dann‹-Sätze nennt man auch ›Subjunktionen‹. Wir sollten also die Begriffe ›Subjunktion‹ und ›Bedingung‹ noch einmal und dabei genauer bestimmen. Auf diese Weise wird sich noch genauer zeigen, auf welche Weise die Gültigkeit des Modus Ponens und des Modus Tollens auch bereits allein in der Bedeutung dieser Begriffe liegt:

Eine **Subjunktion** drückt bestimmte Bedingungen aus. Wir unterscheiden hier zwischen einfachen und generellen Subjunktionen sowie zwischen hinreichenden und notwendigen Bedingungen:

- Eine **einfache Subjunktion** ist eine Aussage, die in der Form ›wenn p, dann q‹ reformuliert werden kann. Eine solche Aussage besagt: p ist eine **hinreichende** Bedingung für q. Und q ist eine **notwendige** Bedingung für p.
- Dass eine Bedingung **hinreichend** ist, bedeutet, dass sie allein ausreicht, also sicherstellt, dass dasjenige der Fall ist, für das sie hinreichend ist. Und dass eine Bedingung **notwendig** ist, bedeutet, dass sie eine unausweichliche Voraussetzung dafür darstellt, dass das, für das sie notwendig ist, überhaupt der Fall sein kann.
- Eine **generelle Subjunktion** ist eine Aussage, die in der Form ›Alles, was F ist, ist G‹ reformuliert werden kann. Diese Form haben die allermeisten Allsätze, die in Argumenten vorkommen. Eine generelle Subjunktion besagt:

Dass etwas F ist, ist eine **hinreichende** Bedingung dafür, dass es G ist. Und dass etwas G ist, ist eine **notwendige** Bedingung dafür, dass es F ist.

- Die in Subjunktionen ausgedrückten hinreichenden und notwendigen Bedingungen können auf ganz verschiedenen Arten von Zusammenhängen beruhen, etwa begrifflichen (»Wenn etwas ein Quadrat ist, dann ist es ein Viereck«), kausalen (»Wenn die Spielerin schießt, dann fliegt der Ball los«) und evidentiellen Zusammenhänge (»Wenn die Tonne leer ist, dann war der Müllwagen schon da«).

Folgt man dieser Begriffsbestimmung, liegt dem Modus Ponens eine offenkundige begriffliche Wahrheit zugrunde: Eine Subjunktion ›wenn p, dann q‹ bedeutet ja gerade, dass p eine hinreichende Bedingung für q ist, dass also insofern p der Fall ist, auf jeden Fall auch q der Fall ist. Ist also p tatsächlich der Fall, so ist zwingend auch q der Fall. Und Ähnliches gilt auch für den Modus Tollens: Zur Bedeutung einer Subjunktion ›wenn p, dann q‹ gehört es ja gerade, dass q eine notwendige Bedingung für p ist, dass also p nicht der Fall sein kann, ohne dass auch q der Fall ist. Ist also q tatsächlich nicht der Fall, so kann zwingend auch p nicht der Fall sein.

Diese Überlegungen betreffen nicht nur einfache, sondern genauso auch generelle Subjunktionen. Denn wenn das Schlussprinzip der Spezialisierung auf eine generelle Subjunktion angewendet wird, ist die gefolgerte Aussage immer eine einfache Subjunktion. Und daran anschließend können wie üblich Modus Ponens und Modus Tollens angewendet werden. Den ersten Fall haben wir in 3.1 ausführlich besprochen. Und ein Beispiel für den zweiten Fall lässt sich leicht formulieren, wenn wir die eben analysierte Passage erneut betrachten.

So könnte es durchaus sein, dass der Zusammenhang, den wir in Rekonstruktion 23 in P1 als einfache Subjunktion dargestellt haben, viel allgemeiner gemeint war. Vielleicht sind ja sowohl Thomas Nagel als Autor als auch das konkrete Buch, das er schreibt, nur Fälle, die durch Allaussagen begründet sind? Eine mögliche Überarbeitung der betreffenden Rekonstruktion könnte dann so aussehen:

Rekonstruktion 24: Überarbeitung von Rekonstruktion 23

P1. Für alle x und alle y gilt: wenn x Solipsist:in ist, dann schreibt x y nicht.

——— S (P1) ———

Z. Wenn Thomas Nagel ein Solipsist ist, dann schreibt Thomas Nagel nicht das Buch *Was bedeutet das alles?*.

P2. Thomas Nagel schreibt das Buch *Was bedeutet das alles?*.

——— MT (Z, P2) ———

K. Thomas Nagel ist kein Solipsist.

Aufgabe 1

Überarbeiten Sie Rekonstruktion 6 (S. 39) in der Weise, dass Sie eine oder mehrere passende Schlussprinzipien verwenden.

Aufgabe 2

Rekonstruieren Sie das folgende Argument:

»Wer die Menschenrechte achtet, führt keinen Angriffskrieg. Aber der Diktator führt einen Angriffskrieg. Also achtet der Diktator die Menschenrechte nicht.«

3.3 Erkennen und Missverstehen von Bedingungen

Eine Subjunktion, so hielten wir fest, drückt einen Zusammenhang zwischen einer hinreichenden und einer notwendigen Bedingung aus. Dies lässt sich stets in charakteristischer Weise reformulieren, so dass unmissverständlich klar wird, was wofür hinreichend und was wofür notwendig sein soll. Doch es gibt eine ganze Reihe möglicher sprachlicher Formulierungen, die solche Bedingungsverhältnisse ausdrücken. Im folgenden Abschnitt werden wir diese Formulierungsvarianten von einfachen wie generellen Subjunktionen genauer behandeln. Auf diese Weise können wir schließlich auch mögliche Missverständnisse und Fehlschlüsse im Zusammenhang mit Bedingungen angemessen bestimmen sowie eine weitere Form kennenlernen, in der ein Zusammenhang zwischen hinreichenden und notwendigen Bedingungen bestehen kann.

Beginnen wir mit einer Reihe von Beispielen.[26] Angenommen, jemand möchte ausdrücken, dass Schnee eine hinreichende Bedingung für Kälte ist – und Kälte dementsprechend eine notwendige Bedingung für Schnee. Solches geschieht unter anderem in den hier aufgelisteten Aussagen, wobei diejenigen Ausdrücke, die die Struktur der Aussage als Subjunktion bestimmen, fett gesetzt sind:

(1) **Wenn** es schneit, **dann** ist es kalt.
(2) **Wenn** es schneit, ist es kalt.
(3) Schneit es, ist es kalt.
(4) Es ist kalt, **wenn** es schneit.
(5) **Falls** es schneit, ist es kalt.
(6) Schneit es, **so** ist es kalt.

26 Die Beispielliste ist mit leichten Anpassungen übernommen aus Hardy/Schamberger 2018, S. 93 f.

(7) Dass es schneit, **ist hinreichend dafür, dass** es kalt ist.
(8) Dass es kalt ist, **ist notwendig dafür, dass** es schneit.
(9) Schnee **erfordert** Kälte.
(10) Kälte **ist Voraussetzung für** Schnee.
(11) **Nur wenn** es kalt ist, **kann** es schneien.
(12) **Erst** bei Kälte ist Schnee **möglich**.

Allen diesen Aussagen fehlt zwar ein näherer Äußerungskontext, aber die Bedeutung der fett gesetzten Ausdrücke ist bereits völlig ausreichend, um diese Aussagen alle als Varianten zu erkennen, die ein und dieselbe Subjunktion ausdrücken.

Es liegt nahe, die in diesen Varianten formulierte Aussage als eine einfache Subjunktion zu verstehen, der zufolge die ganze Aussage »Es schneit« hinreichend ist für die ganze Aussage »Es ist kalt«. Doch könnte man sie genauso gut auch als generelle Subjunktion auffassen, die besagt, dass für alle Orte und/oder Zeitpunkte gilt, dass die Eigenschaft, dass es an ihnen schneit, hinreichend für die Eigenschaft ist, dass es an ihnen kalt ist. Anders ausgedrückt: »Für alle x gilt: Wenn es an x schneit, dann ist es an x kalt.« Diesen Unterschied in den Interpretationsmöglichkeiten werden wir hier jedoch ausklammern, denn er kann erst dann relevant werden, wenn wir die betreffende Aussage im Zusammenspiel mit anderen Aussagen in einem Argument untersuchen.

Wir haben bereits gesagt, dass die Aussagen (1) bis (12) Formulierungsvarianten derselben Subjunktion sind. Gehen wir das noch einmal Schritt für Schritt durch.

Subjunktionen nennt man oft auch ›wenn-dann‹-Sätze. Daher beginnt die Liste der Beispiele auch mit der kanonischen Formulierung (1). Doch begegnen uns auch ›wenn-dann‹-Sätze ohne ›dann‹ (2) und sogar ohne ›wenn‹ (3). Zudem lässt sich auch die Reihenfolge der beiden Teilaussagen umkehren (4), mit der notwendigen Bedingung zu Beginn, ohne ›dann‹, und der hinreichenden Bedingung im zweiten Satzteil nach dem ›wenn‹. Statt dem ›wenn‹ kann stets auch ›falls‹ verwendet werden (5) oder auch Wendungen mit ›gesetzt‹ oder ›angenommen‹. Außerdem kann das ›dann‹ auch durch ein ›so‹ ersetzt werden (6). Die Vokabeln der hinreichenden und notwendigen Bedingungen können natürlich ebenfalls eine Subjunktion ausdrücken, so wie in (7) oder (8). Ähnliches gilt für die Rede von Erfordernissen und Voraussetzungen: Am Beispiel von (9) zeigt sich, dass das, was etwas anderes erfordert, dafür, dass dieses auch tatsächlich eintritt, natürlich hinreichend ist. Und anhand von (10) lässt sich nachvollziehen, dass das, was eine Voraussetzung für etwas anderes ist, eine notwendige Bedingung für dieses darstellt.

Besonders interessant sind schließlich Beispiele wie (11) und (12). Die Faustregel »Nach dem ›wenn‹ kommt die hinreichende Bedingung« gilt nämlich dann *nicht* mehr, wenn an geeigneter Stelle auch ein ›nur‹ vorkommt – oder, etwas weniger gebräuchlich – ein ›erst‹ oder auch ein ›allein‹. Einem ›nur wenn‹ folgt ja gerade eine notwendige und eben nicht eine hinreichende Bedingung. Deutlich kann man das zumindest an den Beispielen (11) und (12) erkennen, in denen diese Verbindung sogar noch dadurch zusätzlich verdeutlicht wird, dass sie mit »kann es schneien« (statt »schneit es«) bzw. mit »ist Schnee möglich« (statt »gibt es Schnee«) enden.

Was wäre, wenn solche abschwächende Formulierungen mit ›können‹ oder ›möglich sein‹ fehlen? Betrachten wir dazu die folgende Aussage:

(13) **Nur wenn** es kalt ist, schneit es.

Auf den ersten Blick scheint alles nicht viel anders zu sein als bei den Beispielen (11) und (12). Doch warum? Vielleicht liegt es unter anderem daran, dass wir (13) natürlich bereits wohlwollend vor dem Hintergrund unseres Wissens über Schnee und Kälte interpretieren. Jedenfalls könnten wir exakt strukturgleiche Formulierungen mit anderem Inhalt durchaus auch anders bewerten, wie etwa die folgende:

(14) **Nur wenn** die Kandidatin die absolute Mehrheit der Stimmen erhält, ist sie gewählt.

Die Idee, dass hier lediglich behauptet werden soll, dass eine absolute Stimmenmehrheit notwendig für die Wahl ist, ist in diesem Fall deutlich weniger plausibel als die analoge Idee, dass in (13) Kälte lediglich eine notwendige Bedingung für Schnee darstellt. Vielmehr könnte es in (14) auch so zu sein, dass eine absolute Stimmenmehrheit auch hinreichend dafür ist, dass die Kandidatin gewählt wird.

Wie solche Lesarten oder Umdeutungen genau zustande kommen, können wir hier nicht im Detail klären. Fest steht aber: Wo ein ›nur‹ ohne abschwächende Wendungen mit ›können‹ oder ›möglich sein‹ vorkommt, sollte man beim wohlwollenden Interpretieren genauer hinsehen: Es könnte sich herausstellen, dass wie in (13) eine Subjunktion ausgedrückt werden soll. Doch könnte auch behauptet werden, wie vielleicht in (14), dass wir es mit Bedingungen zu tun haben, die zugleich hinreichend und notwendig sind.

Spätestens hier müssen wir jedoch kurz innehalten: Bedingungen, die gleichzeitig hinreichend und notwendig sind? Ja, das gibt es auch. Solche Zusammenhänge werden in sogenannten Bisubjunktionen ausgedrückt:

Eine **Bisubjunktion** lässt sich als eine beidseitige Subjunktion verstehen:

- Eine einfache Bisubjunktion ist eine Aussage, die in der Form ›p genau dann, wenn q‹ reformuliert werden kann.

Sie besagt: p ist eine hinreichende und notwendige Bedingung für q, und dementsprechend ist q ebenfalls eine hinreichende und notwendige Bedingung für p.

- Eine generelle Bisubjunktion ist eine Aussage, die in der Form ›Alles ist genau dann F, wenn es G ist‹ reformuliert werden kann. Sie besagt: Dass etwas F ist, ist eine hinreichende und notwendige Bedingung dafür, dass es G ist, und dementsprechend ist, dass etwas G ist, eine hinreichende und notwendige Bedingung dafür, dass es F ist.

Beispiele für Aussagen, die eindeutig eine Bisubjunktion ausdrücken, sind die folgenden:

(15) Die Kandidatin ist **genau dann** gewählt, **wenn** sie die absolute Mehrheit der Stimmen erhält.
(16) Die Kandidatin ist **dann und nur dann** gewählt, **wenn** sie die absolute Mehrheit der Stimmen erhält.
(17) Die Kandidatin ist gewählt, **wenn und nur wenn** sie die absolute Mehrheit der Stimmen erhält.
(18) **Genau diejenige** Kandidatin ist gewählt, die die absolute Mehrheit der Stimmen erhält.

Bisubjunktionen kommen in Diskussionen weniger häufig vor als Subjunktionen, denn zumeist ist nur eine Richtung eines Bedingungsverhältnisses relevant. In bestimmten Kontexten kommt es aber gerade darauf an, dass die Bedingungen beiderseitig sowohl hinreichend als auch notwendig sind. Paradigmatisch sind dafür Definitionen und Begriffsbestimmungen – und auch in diesem Buch haben wir in diesen Zusammenhängen stets die Wendung ›genau dann, wenn‹ verwendet.

Eine solche Begriffsbestimmung findet sich aber auch in der zu Beginn von 3.2 zitierten Passage:

Die radikalste Konsequenz, die ich hieraus ziehen könnte, wäre die Annahme, dass mein eigenes Bewusstsein in der Tat das einzige *ist*, was es gibt. Diese Auffassung nennt man »Solipsismus«.[27]

Solipsist:in zu sein bedeutet also nichts anderes als die Auffassung zu vertreten, dass allein das eigene Bewusstsein existiert und sonst nichts. In Form einer generellen Bisubjunktion lässt sich das wie folgt ausdrücken: »Für alle x gilt: x ist Solipsist:in genau dann, wenn x glaubt, dass es nichts außer dem Bewusstsein von x gibt.«

Wie lässt sich eine Bisubjunktion begründen? Und was lässt sich aus einer Bisubjunktion folgern? Die Antwort auf diese Fragen liegt bereits in der Beschreibung von Bisubjunktionen als beidseitige Subjunktionen: Aus zwei passenden Subjunktionen als Prämissen folgt die entsprechende Bisubjunktion. Und umgekehrt kann aus einer Bisubjunktion auch jede der beiden zugrunde liegenden Subjunktionen gefolgert werden – und dies sowohl im Fall einfacher wie genereller Subjunktionen und Bisubjunktionen. Die entsprechenden Schlussprinzipien können wir wie folgt festhalten:

Bisubjunktionsprinzip (B)

Form 1:

wenn p, dann q
wenn q, dann p
——— B ———
p genau dann, wenn q

27 Nagel 2012, S. 15.

Form 2:

p genau dann, wenn q

——— B ———

wenn p, dann q

Varianten: Die Reihenfolge der mit ›genau dann, wenn‹ verbundenen Teilaussagen ist beliebig.

Generelles Bisubjunktionsprinzip (GB)

Form 1:

Alles, was F ist, ist G

Alles, was G ist, ist F

——— GB ———

Alles ist F genau dann, wenn es G ist

Form 2:

Alles ist F genau dann, wenn es G ist

——— GB ———

Alles, was F ist, ist G

Varianten:

(a) Die Reihenfolge der mit ›genau dann, wenn‹ verbundenen generellen Termini ist beliebig.

(b) Sind weitere generelle Termini Vorbedingungen in einer oder beiden Prämissen, dann auch in der Konklusion. Ein Beispiel: Aus ›Für alle x gilt: wenn Ix, dann: Fx genau dann, wenn Gx‹ folgt ›Für alle x gilt: wenn Ix, dann: Fx genau dann, wenn Gx‹.

(c) Die generellen Termini können auch mehrstellig sein.

Auf weitere Beispiele für den Einsatz dieser beiden Schlussprinzipien kommen wir in 3.4 zurück.

Bisubjunktionen stellen die einzigen Aussagen dar, die Bedingungsverhältnisse ausdrücken, ohne dass die Unterscheidung zwischen hinreichenden und notwendigen Bedingungen große Konsequenzen für die Interpretation der Aussage hat – dies sind sie aber natürlich allein deswegen, weil beide Bedingungen jeweils gleichzeitig hinreichend und notwendig für die jeweils andere sein müssen. Unabhängig davon, welche weiteren Schlussprinzipien für Subjunktionen man danach also auch immer anwenden möchte: Aus einer Bisubjunktion lässt sich durch die genannten Schlussprinzipien die passende Subjunktion folgern.

In Subjunktionen ist der Unterschied zwischen der hinreichenden und der notwendigen Bedingung demgegenüber von ganz entscheidender Bedeutung. In dem Falle, dass der betreffende Wortlaut unklar sein sollte, eignen sich die Vokabeln ›notwendig‹ und ›hinreichend‹ auch ausgezeichnet dazu, um klärende Rückfragen oder Interpretationshypothesen zu formulieren (s. 1.5), etwa so: »Sie haben behauptet, dass die Absichtlichkeit einer Handlung eine Bedingung dafür darstellt, für die Konsequenzen der Handlung verantwortlich zu sein. Wie ist das zu verstehen? Ist die Absichtlichkeit notwendig oder hinreichend dafür, verantwortlich zu sein?«

Wer ein Bedingungsverhältnis missversteht, läuft leicht Gefahr, einen sogenannten Fehlschluss zu begehen, also eine Schlussfolgerung für gültig zu halten, die es in Wahrheit gar nicht ist:

Fehlschluss der Bedingungsverwechslung

Formen und Beispiele, in denen eine notwendige Bedingung für hinreichend gehalten wird:

- Aus ›wenn p, dann q‹ und ›q‹ folgt mitnichten ›p‹.
- Aus ›wenn p, dann q‹ folgt mitnichten ›wenn q, dann p‹.
- Aus ›Alles, was F ist, ist G‹ folgt mitnichten ›Alles, was G ist, ist F‹.

- Beispiele: Aus »Wenn ich in Berlin bin, bin ich in Europa« und »Ich bin in Europa« folgt mitnichten »Ich bin in Berlin« – ich könnte ja genauso in einer anderen Stadt in Europa sein. Daher folgt auch aus der ersten Aussage mitnichten »Wenn ich in Europa bin, bin ich in Berlin« – und analog bei Allsätzen.

Formen und Beispiele, in denen eine hinreichende Bedingung für notwendig gehalten wird:

- Aus ›wenn p, dann q‹ und ›nicht p‹ folgt mitnichten ›nicht q‹.
- Aus ›wenn p, dann q‹ folgt mitnichten ›wenn nicht p, dann nicht q‹.
- Aus ›Alles, was F ist, ist G‹ folgt mitnichten ›Alles, was nicht F ist, ist nicht G‹.
- Beispiele: Aus »Wenn ich in Berlin bin, bin ich in Europa« und »Ich bin nicht in Berlin« folgt mitnichten »Ich bin nicht in Europa« – ich könnte ja ebenso gut anderswo in Europa sein. Daher folgt auch aus der ersten Aussage mitnichten »Wenn ich nicht in Berlin bin, bin ich nicht in Europa« – und analog bei Allsätzen.

Gegen Fehlschlüsse ist niemand gefeit, denn niemand überblickt alle logischen Beziehungen zwischen den eigenen Überzeugungen bis ins letzte Detail. Im Sinne des Prinzips des Wohlwollens (s. 1.5) sollte man aber sehr vorsichtig damit sein, jemandem vorzuwerfen, einen Fehlschluss begangen zu haben. Im Zweifelsfall sollte man auch die Möglichkeit in Betracht ziehen, dass der Wortlaut einer bestimmten Passage schlicht unsauber oder vielleicht sogar irreführend ist, und an dieser Stelle korrigierende Reformulierungen vornehmen. Einen so grundlegenden logischen Fehler wie einen Fehlschluss der Bedingungsverwechslung sollte man niemandem unterstellen, ohne solche Alternativen umfassend geprüft zu haben. Und dies gilt auch bei allen anderen Fehlschlüssen.

Aufgabe 1

Untersuchen Sie die folgenden Aussagen, bestimmen Sie jeweils, ob es sich um eine einfache oder generelle Subjunktion oder um eine einfache oder generelle Bisubjunktion handelt und benennen Sie genau, was der betreffenden Aussage gemäß wofür hinreichend und/oder notwendig ist:

(1) Wenn mir etwas Schönes einfällt, kaufe ich ein Geschenk.
(2) Live-Musik gibt es dann und nur dann, wenn Chris wieder gesund ist.
(3) Nur wenn ich rechtzeitig fertig werde, komme ich zur Party.
(4) Partys sind Veranstaltungen.
(5) Ich lade genau diejenigen ein, die ich auch wirklich mag.

Aufgabe 2

Formulieren Sie mithilfe der Wendung ›Für alle x gilt:‹ einen Allsatz, der ausdrückt, unter welchen Bedingungen ein Argument schlüssig ist (s. 1.3).

3.4 Zusammenhänge zwischen Bedingungen

Wir haben nun ausführlich über notwendige und hinreichende Bedingungen gesprochen und am Beispiel der Bisubjunktionen gesehen, wie Bedingungen auch miteinander zusammenhängen können. Im folgenden Abschnitt werden wir diesen und weitere Zusammenhänge zwischen Bedingungen genauer untersuchen.

Gehen wir noch einmal zurück zu der zu Beginn von 3.2 zitierten Passage, zu der wir bereits Rekonstruktion 23 (S. 94) angefertigt hatten. Diese Argumentrekonstruktion kommt mit einem einzigen Modus Tollens aus. Dies ist jedoch nur deshalb der Fall, weil wir einen relevanten Teil nicht mitzitiert haben. Der letzte Satz lautet nämlich vollständig:

> Wäre ich ein Solipsist, so schriebe ich dieses Buch vermutlich nicht, da ich nicht glaubte, dass ein anderer, der es lesen könnte, überhaupt existierte.[28]

Den zweiten, mit »da« beginnenden Teil dieses Satzes hatten wir zunächst unterschlagen. Durch diesen Argumentations-Anzeiger wird klar, dass der zweite Teil eine Begründung für diejenige Subjunktion im ersten Teil des Satzes gibt, die wir in Rekonstruktion 23 als Prämisse klassifiziert haben – die Aussage »Wenn ich Solipsist bin, dann schreibe ich dieses Buch nicht«.

Wir können für die weitere Rekonstruktionsarbeit nun zwischen zwei Darstellungsformen wählen (s. 1.4): Entweder wir rekonstruieren ein zusätzliches Argument, in dem diese Aussage als Konklusion Verwendung findet, so dass das neue Argument dasjenige in Rekonstruktion 23 stützt. Oder wir behandeln die betreffende Subjunktion als Zwischenkonklusion eines längeren Arguments mit mehreren Schlussschritten.

Um zu viele Wiederholungen zu vermeiden, wählen wir an dieser Stelle die erste Option. In 3.6 werden wir aber auch die zweite verfolgen.

Für das neue Argument liegt uns nun zwar bereits die Konklusion vor, aber in Bezug auf seine Prämissen ist der Text nicht sonderlich explizit. Entscheidend ist hier zunächst das Wort

28 Nagel 2012, S. 15.

»glaubte« in »da ich nicht glaubte, dass ...«. Diese Formulierung weist darauf hin, dass das Folgende seinerseits erst unter einer bestimmten Bedingung der Fall ist. Welche Bedingung hier gemeint ist, erschließt sich einerseits aus dem gerade zitierten Satz im Ganzen und andererseits aus dem inhaltlichen Kontext des Arguments. Gemeint sein muss dementsprechend, dass Nagel die genannte Überzeugung dann hätte, wenn er in der Tat Solipsist wäre. Damit haben wir das folgende Zwischenergebnis erreicht:

P1. Wenn ich ein Solipsist bin, dann glaube ich nicht, dass andere existieren, die dieses Buch lesen könnten.
K. Wenn ich ein Solipsist bin, dann schreibe ich dieses Buch nicht.

Nagel gibt uns leider keine weiteren Hinweise darauf, wie K durch P1 begründet wird. Doch spätestens mit unserem Hintergrundwissen über den Solipsismus und über die Bedeutung von Subjunktionen dürfte intuitiv schnell klar werden, welche Prämisse hier fehlt. Sowohl die Prämisse als auch die Konklusion sind einfache Subjunktionen mit derselben Aussage als hinreichender Bedingung. Wenn hier also ein gültiger Schluss vorliegen soll, dann müsste die Aussage, die in der Prämisse hinter dem ›dann‹ steht, in einer weiteren Prämisse ihrerseits hinreichend für die Aussage sein, die in der Konklusion hinter dem ›dann‹ steht. Und in der Tat ist eine solche Prämisse auch der Sache nach ausgesprochen plausibel.[29] Sie lautet nämlich:

29 Nagel diskutiert an dieser Stelle die prinzipielle Möglichkeit, dass auch eine Solipsistin sinnvoll ›Bücher‹ ›schreiben‹ und ›veröffentlichen‹ könnte. Dies sparen wir hier jedoch genauso aus wie das bereits zu Beginn der Diskussion beiseitegelegte Wörtchen »vermutlich«, das sich hierauf zu beziehen scheint.

P2. Wenn ich nicht glaube, dass andere existieren, die dieses Buch lesen könnten, dann schreibe ich dieses Buch nicht.

Dieser strukturellen Überlegung zum Zusammenhang der Bedingungen liegt eine Einsicht zugrunde, die allein im Begriff der hinreichenden Bedingung liegt. Wenn eine Aussage ›p‹ hinreichend für eine weitere Aussage ›q‹ ist, gleichzeitig aber ›q‹ seinerseits hinreichend für ›r‹, dann muss auch ›p‹ hinreichend für ›r‹ sein. Dass eine Bedingung hinreichend ist, bedeutet ja gerade, dass sie allein sicherstellt, dass etwas anderes der Fall ist. Die Beziehung ›ist eine hinreichende Bedingung für‹ funktioniert in dieser Hinsicht genauso wie die Beziehung ›ist größer als‹ oder ›kostet weniger Geld als‹. Solche Beziehungen nennt man auch ›transitiv‹, oder intuitiver: Sie lassen sich miteinander verketten. Daher auch der Name für das betreffende Schlussprinzip:

Kettenschluss (KS)

wenn p, dann q
wenn q, dann r
——— KS ———
wenn p, dann r

Der Kettenschluss ist unmittelbar verwandt mit dem Modus Ponens: Beide Schlussprinzipien beruhen allein auf der Bedeutung des Begriffs der hinreichenden Bedingung. Ja, man kann den Kettenschluss sogar als einen bedingten Modus Ponens auffassen. Hätten wir die Bedingung ›p‹ bereits gegeben, könnte man den Modus Ponens anwenden und auf ›r‹ schließen. Und insofern können wir auf ›wenn p, dann r‹ schließen.

In dieser Überlegung hat ›p‹ den Status einer hypothetischen Annahme. Am Ende wird jedoch keine Annahme widerlegt, sondern die hypothetische Annahme in eine hinreichende Bedingung einer Subjunktion umgewandelt. Die Annahme wird in eine Subjunktion eingebettet. Wir nutzen also die Gelegenheit, um auch das zweite zentrale Schlussprinzip einzuführen, das hypothetische Annahmen betrifft:

Annahme-Einbettung (AE)

H. p

...

———

Z. q (angenommen H)

——— AE (Z) ———

K. wenn p, dann q

Das Schlussprinzip Annahme-Einbettung erlaubt es uns, jederzeit eine Subjunktion dadurch zu begründen, dass wir eine hypothetische Annahme machen, durch diese und gemeinsam mit anderen Prämissen eine beliebige Zwischenkonklusion begründen, und die betreffende Annahme schließlich hinter dem ›wenn‹ der begründeten Subjunktion einbetten, wobei die Zwischenkonklusion hinter das ›dann‹ rückt. Der Kettenschluss ergibt sich wie dargestellt durch die Kombination von Modus Ponens und Annahme-Einbettung. Ein weiteres Beispiel für eine Anwendung der Annahme-Einbettung, die wir nicht auch als Kettenschluss verstehen können, werden wir in 3.5 behandeln.

So weit die Schlussprinzipien und ihre Zusammenhänge. Kehren wir zu der eingangs begonnenen Rekonstruktion zurück, die wir nun abschließend wie folgt darstellen können:

Rekonstruktion 25: Stützung von Rekonstruktion 23 (S. 94)

P1. Wenn ich ein Solipsist bin, dann glaube ich nicht, dass andere existieren, die dieses Buch lesen könnten.
P2. Wenn ich nicht glaube, dass andere existieren, die dieses Buch lesen könnten, dann schreibe ich dieses Buch nicht.
——— KS (P1, P2) ———
K. Wenn ich ein Solipsist bin, dann schreibe ich dieses Buch nicht.

Über die implizite Prämisse P2 hatten wir bereits kurz gesprochen. Die explizit genannte Prämisse P1 wird sicherlich kaum kontrovers sein. Doch warum eigentlich?

Am Ende von 3.3 hatten wir eine Passage angeführt, in der Nagel den Begriff des Solipsismus bestimmt, und diese Passage in Form einer generellen Bisubjunktion festgehalten. Mit dieser Aussage lässt sich P1 unmittelbar begründen.

Rekonstruieren wir also auch hier ein Argument, das Rekonstruktion 25 stützt. Wir beginnen dementsprechend mit der erarbeiteten Bisubjunktion als Prämisse des stützenden Arguments:

P1. Für alle x gilt: x ist Solipsist:in genau dann, wenn x glaubt, dass es nichts außer x' eigenem Bewusstsein gibt.
K. Wenn ich ein Solipsist bin, dann glaube ich nicht, dass andere existieren, die dieses Buch lesen könnten.

Der Begründungsweg lässt sich mit etwas Nachdenken gut erkennen. Wer glaubt, dass es nichts außer dem eigenen Bewusstsein gibt, glaubt natürlich auch nicht, dass andere existieren, die dieses Buch lesen können. Ausgestattet mit dieser offensichtlichen impliziten Prämisse, können wir die bereits bekannten Schlussprinzipien anwenden, um gültig auf die Konklusion zu schließen. Neben der Spezialisierung benötigen wir dazu auch das Bisubjunktionsprinzip, das wir in 3.3 kennengelernt haben – oder wahlweise auch das Generelle Bisubjunktionsprinzip, wenn wir die Spezialisierung erst danach einsetzen. Auf beiden Wegen können wir aus P1 dieselbe Zwischenkonklusion begründen, nämlich Z2 in der folgenden Beispiel-Rekonstruktion, die dann gemeinsam mit der genannten impliziten Prämisse per Kettenschluss zur Konklusion führt:

Rekonstruktion 26: Stützung von Rekonstruktion 25

P1. Für alle x gilt: x ist Solipsist:in genau dann, wenn x glaubt, dass es nichts außer x' eigenem Bewusstsein gibt.

——— S (P1) ———

Z1. Ich bin genau dann Solipsist:in, wenn ich glaube, dass es nichts außer meinem eigenen Bewusstsein gibt.

——— B (Z1) ———

Z2. Wenn ich Solipsist:in bin, dann glaube ich, dass es nichts außer meinem eigenen Bewusstsein gibt.

P2. Wenn ich glaube, dass es nichts außer meinem eigenen Bewusstsein gibt, dann glaube ich nicht, dass andere existieren, die dieses Buch lesen könnten.

——— KS (Z2, P2) ———

K. Wenn ich Solipsist:in bin, dann glaube ich nicht, dass andere existieren, die dieses Buch lesen könnten.

Der Kettenschluss beruht allein auf der Bedeutung des Begriffs der hinreichenden Bedingung und folgert aus zwei einfachen Subjunktionen eine weitere einfache Subjunktion. Vor diesem Hintergrund ist leicht zu erkennen, dass in genau derselben Weise und aus genau denselben begrifflichen Gründen auch eine generelle Subjunktion durch zwei generelle Subjunktionen begründet werden kann. Dafür ist einzig erforderlich, dass in den beiden Prämissen drei generelle Termini vorkommen und einer davon in der einen Prämisse in der hinreichenden und in der anderen Prämisse in der notwendigen Bedingung erscheint. Auch dann lassen sich die betreffenden Bedingungen verketten und man nennt das betreffende Schlussprinzip dementsprechend:

Genereller Kettenschluss (GKS)

Alles, was F ist, ist G
Alles, was G ist, ist H
——— GKS ———
Alles, was F ist, ist H

Varianten:

(a) Wenn weitere generelle Termini Vorbedingungen in einer oder beiden Prämissen sind, dann sind sie das auch in der Konklusion. Beispiel: Aus ›Für alle x gilt: wenn Ix, dann: wenn Fx, dann Gx‹ und ›Alles, was G ist, ist H‹ folgt ›Für alle x gilt: wenn Ix, dann: wenn Fx, dann Hx‹.

(b) Die generellen Termini können auch mehrstellig sein.

Klassische Beispiele für die Anwendung dieses Schlussprinzips finden sich in allen Bereichen, in denen hierarchisch klassifiziert wird: »Alle Menschen sind Säugetiere. Alle Säugetiere sind Wirbeltiere. Also sind alle Menschen Wirbeltiere.« Oder, mehrstellig: »Wer dieselben Eltern hat, ist miteinander verschwistert. Wer miteinander verschwistert ist, ist miteinander verwandt. Also: Wer dieselben Eltern hat, ist miteinander verwandt.«

In vielen Fällen jedoch sind die beteiligten generellen Termini etwas komplexer – wie in einem Beispiel, das uns bereits seit 1.2 begleitet, nämlich in Rekonstruktion 1, die wir inzwischen als Rekonstruktion 3 überarbeitet haben (S. 32). Nun können wir sie ein letztes Mal verbessern, indem wir das Schlussprinzip ergänzen:

Rekonstruktion 27: Überarbeitung von Rekonstruktion 3

P1. Unsere Überzeugungen über die Außenwelt glauben wir nur aufgrund unserer Sinneswahrnehmung.
P2. Alles, was wir nur aufgrund unserer Sinneswahrnehmung glauben, könnte falsch sein.
——— GKS (P1, P2) ———
K. Unsere Überzeugungen über die Außenwelt könnten falsch sein.

Hier liegt ein Genereller Kettenschluss vor, da alle drei Aussagen generelle Subjunktionen sind und die beteiligten generellen Termini genau diesem Argumentschema entsprechen. Im Detail: »ist eine unserer Überzeugungen über die Außenwelt« können wir mit ›F‹ abkürzen, »ist etwas, das wir nur aufgrund unserer Sinneswahrnehmung glauben« mit ›G‹ und »könnte falsch sein« mit ›H‹. Und schon zeigt sich auch hier die beschriebene Struktur.

In einer alternativen, etwas feinkörnigeren Analyse können wir hier sogar die Variante des Schlussprinzips mit Vorbedingungen verwenden, so dass die Rekonstruktion auf diese Weise noch präzisiert werden kann:

Rekonstruktion 28: Variante von Rekonstruktion 27

P1. Für alle x gilt: wenn x eine unserer Überzeugungen ist, dann gilt: Wenn x von der Außenwelt handelt, dann glauben wir x nur aufgrund unserer Sinneswahrnehmung.

P2. Für alle x gilt: Wenn wir x nur aufgrund unserer Sinneswahrnehmung glauben, dann könnte x falsch sein.

——— GKS (P1, P2) ———

K. Für alle x gilt: wenn x eine unserer Überzeugungen ist, dann gilt: Wenn x von der Außenwelt handelt, dann könnte x falsch sein.

Zum Abschluss dieses Abschnitts sollten wir noch eine weitere Anwendung dieses Schlussprinzips betrachten. Denn die Überlegungen zum Zusammenhang zwischen Solipsismus und Bücherschreiben, die wir zuletzt in Rekonstruktion 26 formuliert haben, wurden von Nagel zwar in der Ich-Form ausgedrückt. Diese Zusammenhänge haben in der Sache jedoch wenig mit der Einzelperson Thomas Nagel zu tun. Wenn wir eine Variante dieses Arguments mit Allsätzen formulieren, dann erhalten wir erneut einen Generellen Kettenschluss. Außerdem findet das Generelle Bisubjunktionsprinzip Verwendung:

Rekonstruktion 29: Variante von Rekonstruktion 26

P1. Für alle x gilt: x ist Solipsist:in genau dann, wenn x glaubt, dass es nichts außer x' eigenem Bewusstsein gibt.

——— GB (P1) ———

Z1. Für alle x gilt: wenn x Solipsist:in ist, dann glaubt x, dass es nichts außer x' eigenem Bewusstsein gibt.

P2. Wer glaubt, dass es nichts außer dem eigenen Bewusstsein gibt, glaubt nicht, dass andere existieren, die dieses Buch lesen könnten.

——— GKS (Z1, P2) ———

K. Wer Solipsist:in ist, glaubt nicht, dass andere existieren, die dieses Buch lesen könnten.

Dieses und andere Beispiele zeigen, dass wir manche Argumente in verschiedenen Graden der Feinkörnigkeit analysieren können. Detaillierter bedeutet aber nicht immer gleich besser. Welche Rekonstruktionsvariante wann wie hilfreich ist, entscheidet sich vor allem daran, mit welchen anderen Argumenten sie in Verbindung steht und welche Diskussion sie durch ihre Wegweiserfunktion konstruktiv voranbringen soll (s. 1.4 und 1.5).

Aufgabe 1

Rekonstruieren Sie das folgende Argument:

»Ob es echte moralische Dilemmata gibt, ist eine schwierige Frage. Fest steht aber schon einmal so viel: Wenn es sie gibt, dann kann es keinen gütigen Gott geben. Warum? Nun ja, wenn es solche Dilemmata wirklich gibt, dann gibt es ja Situationen, in denen moralisches Leid unvermeidbar ist. Wenn es solche Situationen aber wirklich gibt, dann ist die Welt nicht vollkommen gut. Und dann gibt es natürlich auch keinen gütigen Gott.«

Aufgabe 2

Formulieren Sie zwei idealerweise hinreichend plausible eigene Argumente und stellen Sie diese in Standardform dar, und zwar: (a) eines, das Rekonstruktion 25 (S. 113) durch einen Kettenschluss stützt, und (b) eines, das Rekonstruktion 27 (S. 116) durch einen Generellen Kettenschluss stützt.

3.5 Argumentative Voraussetzungen

Wir haben in diesem Kapitel bereits eine Reihe von Dingen über hinreichende und notwendige Bedingungen, ihre Erfüllung und Nichterfüllung gelernt – ganz allgemein und immer auch am

Beispiel von Argumenten aus Nagels Kapitel 2 »Woher wissen wir etwas?«. Im Folgenden werden wir zwei weitere Passagen betrachten, um sie mithilfe der neu erarbeiteten Werkzeuge genauer zu analysieren. Auf diese Weise können wir nicht nur die Beschäftigung mit diesem Abschnitt abschließen, sondern auch noch einige weitere allgemeine Dinge über Bedingungen und argumentative Voraussetzungen erkennen und festhalten.

Die erste dieser beiden Passagen zeigt ein Phänomen auf, das in Nagels Buch *Was bedeutet das alles?* sehr häufig anzutreffen ist: Nagel bezieht nämlich nicht überall derart Stellung, dass er – wie beim Thema Solipsismus – eine der behandelten Positionen tatsächlich akzeptiert, begründet oder gegen Einwände verteidigt. Vielmehr geht es ihm oft vor allem darum, die Konsequenzen einer bestimmten Auffassung darzustellen oder zu begründen, was der Fall sein würde, wenn sie wahr wäre – unabhängig davon, ob man das nun akzeptieren will oder nicht. Das betrifft auch den sogenannten Verifikationismus, den wir bereits in 1.4 als eine Position kennengelernt haben, die den Skeptizismus kritisiert. Ohne sich selbst darauf festlegen zu wollen, ob der Verifikationismus nun wahr ist oder nicht, stellt Nagel heraus, wie sich diese Position zum Skeptizismus verhält. Er schreibt:

> Stimmt [der Verifikationismus], so macht sich der Skeptiker selbst etwas vor, wenn er glaubt, sich vorstellen zu können, sein Bewusstsein sei die einzige Sache, die es gibt. Er führt sich selbst hinters Licht, denn es kann gar nicht wahr sein, dass die körperliche Welt in Wirklichkeit nicht existiert, wenn nicht jemand *feststellen* kann, dass sie nicht existiert. Und was sich der Skeptiker vorzustellen versucht, ist genau eine solche Situation [...]. Also ist [der Skeptizismus] sinnlos.[30]

30 Nagel 2012, S. 19 f. Nagel schreibt im Original: »Also ist der Solipsismus sinnlos«, bezieht sich aber vorher durchgehend auf den Skepti-

Diese Überlegung soll zeigen, dass der Verifikationismus die skeptische Position als sinnlos zurückweist. Begründet wird also die Konklusion »Wenn der Verifikationismus wahr ist, dann ist der Skeptizismus nicht sinnvoll.« Denn wäre er sinnvoll, müssten zwei Dinge gegeben sein: Zum einen müsste es in der Tat möglich sein, dass die körperliche Außenwelt nicht existiert. Und zum anderen müsste es nicht möglich sein, herauszufinden, ob sie tatsächlich existiert. Letzteres bleibt hier zwar implizit, wird aus dem bereits ausführlich behandelten Kontext jedoch klar.

Das Problem ist nun: Wenn der Verifikationismus wahr ist, dann kann nicht beides gleichzeitig der Fall sein. Denn der Verifikationismus besagt ja ganz generell: Wenn es möglich ist, dass etwas existiert, dann ist es auch prinzipiell möglich, festzustellen, ob es existiert. Und es gilt genauso: Wenn es möglich ist, dass etwas nicht existiert, dann müsste es auch prinzipiell möglich sein, festzustellen, ob es nicht existiert. So ergibt sich die folgende Rekonstruktion:

Rekonstruktion 30

P1. Wenn der Skeptizismus sinnvoll ist, dann ist es möglich, dass die Außenwelt nicht existiert.
P2. Wenn der Verifikationismus wahr ist, dann gilt: Wenn es möglich ist, dass etwas nicht existiert, dann ist es möglich, festzustellen, ob es existiert.
P3. Wenn der Skeptizismus sinnvoll ist, dann ist es nicht möglich, festzustellen, ob die Außenwelt existiert.

K. Wenn der Verifikationismus wahr ist, dann ist der Skeptizismus nicht sinnvoll.

zismus, so dass das Zitat entsprechend angepasst wurde. Mögliche Konsequenzen für den Solipsismus klammern wir hier aus.

Wie kann man aber zeigen, dass dieses Argument gültig ist? In der folgenden Rekonstruktion gelingt dies durch die bereits behandelten Schlussprinzipien. Besonders wichtig sind dabei zwei hypothetische Annahmen sowie einerseits die Annahme-Einbettung (AE) zur Begründung der Subjunktion und andererseits eine Annahmewiderlegung (AW), mit der die Annahme der Sinnhaftigkeit des Skeptizismus vor dem Hintergrund der Annahme des Verifikationismus widerlegt wird. Das Ergebnis liest sich wie folgt:

Rekonstruktion 31

P1. Wenn der Skeptizismus sinnvoll ist, dann ist es möglich, dass die Außenwelt nicht existiert.
P2. Wenn der Verifikationismus wahr ist, dann gilt: Wenn es möglich ist, dass etwas nicht existiert, dann ist es möglich, festzustellen, ob es existiert.
H1. Der Skeptizismus ist sinnvoll.
——— MP (P1, H1) ———
Z1. Es ist möglich, dass die Außenwelt nicht existiert. (angenommen H1)
H2. Der Verifikationismus ist wahr.
——— MP (P2, H2) ———
Z2. Wenn es möglich ist, dass etwas nicht existiert, dann ist es möglich, festzustellen, ob es existiert. (angenommen H2)
——— S, MP (Z1, Z2) ———
Z3. Es ist möglich, festzustellen, ob die Außenwelt existiert. (angenommen H1, H2
P3. Wenn der Skeptizismus sinnvoll ist, dann ist es nicht möglich, festzustellen, ob die Außenwelt existiert.
——— MP (P3, H1) ———
Z4. Es ist nicht möglich, festzustellen, ob die Außenwelt existiert. (angenommen H1)
——— AW (Z3, Z4) ———

Z5. Der Skeptizismus ist nicht sinnvoll. (angenommen H2)

——— AE (Z5) ———

K. Wenn der Verifikationismus wahr ist, dann ist der Skeptizismus nicht sinnvoll.

Diese Rekonstruktion zeigt besonders klar, inwiefern und auf welche Weise hier argumentative Voraussetzungen im Spiel sind. Durch eine hypothetische Annahme wird die betreffende Aussage klar als eine Voraussetzung markiert, unter der allein die gefolgerten Aussagen zu verstehen sind. Tatsächlich begründet werden soll schließlich nur eine Subjunktion, und dies zeigt am Ende die Annahme-Einbettung.

So weit die erste der beiden Textstellen, die wir in diesem Abschnitt genauer unter die Lupe nehmen wollten. In der zweiten dieser Textstellen kommt eine gedankliche Figur vor, die für Debatten um Erkenntnis und Skepsis typisch ist, aber auch in anderen Diskussionen eine wichtige Rolle spielt. Nagel befasst sich mit der Frage, wie eine Person argumentieren könnte, die den Skeptizismus kritisieren möchte:

> Wollte man das Argument anbringen, dass es eine körperliche Außenwelt deshalb geben muss, weil wir die Häuser, Menschen oder Sterne nicht sehen würden, wenn es draußen nicht etwas gäbe, das Licht auf unsere Augen reflektiert und unsere Gesichtswahrnehmungen verursacht, so wäre die Antwort klar: Woher weiß man wiederum *dies*? Ist das nicht erneut eine Aussage über die Außenwelt und unsere Beziehung zu ihr, die sich daher auf das Zeugnis unserer Sinne gründen muss? *Man kann sich jedoch auf diese besonderen Informationen darüber, auf welche Weise visuelle Wahrnehmungen verursacht werden, nur dann stützen, wenn man sich bereits grundsätzlich darauf verlassen kann, dass uns die Inhalte unseres Bewusstseins über die Außenwelt unterrichten.*

Und genau das wurde oben in Frage gestellt. Versucht man die Verlässlichkeit seiner Eindrücke im Rückgang auf seine Eindrücke zu beweisen, so argumentiert man im Kreis und gelangt nirgendwohin.[31]

In der Debatte um den Skeptizismus scheint also das Im-Kreis-Argumentieren ein wichtiges Problem zu sein. Und Nagel kommt auch an anderen Stellen immer wieder auf dieses Problem zu sprechen. Es lohnt sich also, noch einmal im Detail nachzuvollziehen, wie dieser mehrteilige Gedankengang zu verstehen ist.

Nagel startet mit einem Satz, der mit »Wollte man das Argument anbringen, dass« beginnt und mit »so wäre die Antwort klar:« endet. Er spricht also über ein bestimmtes Argument, dessen Gehalt er im Mittelteil des Satzes nur skizziert. Und genau dort sollten wir beginnen.

Begründet wird in dem hier skizzierten Argument offenkundig die These, dass die Außenwelt tatsächlich existiert. Dass wir dies sicher wissen können, hatte die Skeptikerin ja gerade bestritten. Zur Begründung dieser These wird allein eine Subjunktion genannt, und noch dazu eine Subjunktion, in der die Konklusion weder als hinreichende noch als notwendige Bedingung auftaucht.

Das ist reichlich wenig. Doch mit ein wenig Detektivarbeit lässt sich erkennen, welche beiden impliziten Prämissen hier offenkundig in Anspruch genommen werden: dass wir nämlich in der Tat Sinneseindrücke von Häusern und anderem haben.[32] Und dass die beschriebenen Lichtreflexionen nur dann

31 Nagel 2012, S. 14 f.

32 Nagel schreibt an dieser Stelle natürlich nicht wörtlich, dass wir von diesen Dingen »Sinneseindrücke haben«, sondern dass wir sie »sehen«. Aber wenn man etwas tatsächlich sieht, scheint bereits

möglich sind, wenn es eine Außenwelt gibt, in der sie sich ereignen können. Damit sind wir bei der folgenden Argumentrekonstruktion angelangt, in der sich die beiden Schlüsse auch unmittelbar als gültig erweisen:

Rekonstruktion 32

P1. Wenn es nichts gibt, das Licht auf unsere Augen reflektiert und dadurch Sinneseindrücke verursacht, dann haben wir keine Sinneseindrücke von Häusern und anderem.
P2. Wir haben Sinneseindrücke von Häusern und anderem.
——— MT (P1, P2) ———
Z. Es gibt etwas, das Licht auf unsere Augen reflektiert und dadurch Sinneseindrücke verursacht.
P3. Wenn es etwas gibt, das Licht auf unsere Augen reflektiert und dadurch Sinneseindrücke verursacht, dann existiert die Außenwelt.
——— MP (Z, P3) ———
K. Die Außenwelt existiert.

So weit das Argument gegen den Skeptizismus, auf das sich Nagel im ersten Satz der zitierten Passage bezieht. Und als Reaktion darauf, so Nagel, »wäre die Antwort klar«. Mit dieser Äußerung bezieht er sich offensichtlich auf die einzige explizit genannte Prämisse P1: Diese Aussage, so die Idee, setzt bereits selbst voraus, dass die Außenwelt tatsächlich existiert. Denn ohne eine Außenwelt, in der Lichtreflexionen überhaupt statt-

klar, dass es auch existiert. Daher diese vorsichtigere und dementsprechend wohlwollendere Reformulierung. Wenn bereits in dieser Prämisse von einem erfolgreichen Sehen die Rede wäre, dürfte auch sie auf einem anderen Weg zu demselben Problem führen, das nun entwickelt wird.

finden können, könnte keine Aussage wahr sein, die – wie P1 – Zusammenhänge zwischen Lichtreflexionen auf unsere Augen und Sinneseindrücken behauptet. Das ist es, was Nagel in der kursivierten Passage des Zitierten ausdrückt.

Im letzten Satz dieser Passage merkt Nagel an: »genau das wurde oben in Frage gestellt«. Er stellt also heraus, dass in einer Prämisse etwas argumentativ vorausgesetzt wird, das hier jedoch keineswegs vorausgesetzt werden darf. Gerade diese These, dass die Außenwelt existiert, ist in der aktuellen Diskussion strittig. Sie ist es, die durch das Argument eigens begründet werden soll, und zwar auch aus dem Grund, weil sie durch die Skeptikerin in Zweifel gezogen wurde. Eine Prämisse zu verwenden, die dies ihrerseits bereits voraussetzt, ist also schlicht und einfach nicht zielführend. Denn dann ist »die Antwort klar«: Die Skeptikerin wird genau diese Prämisse ablehnen. Und insofern »argumentiert man im Kreis und gelangt nirgendwohin.«

Für dieses Phänomen hat sich eine feste Bezeichnung etabliert:

> Eine ***petitio principii*** (eine Voraussetzung des zu Beweisenden, verkürzt auch: *petitio*) kommt genau dann in einem Argument vor, wenn das Argument nicht berücksichtigt, dass die Wahrheit der Konklusion eine notwendige Bedingung für die Wahrheit einer seiner Prämissen ist[33] (oft handelt es sich dabei um eine Präsupposition).

33 Manchmal heißt es, bei einer *petito principii* würde die Konklusion bereits als Prämisse verwendet. Das ist aber etwas vereinfacht. Die Konklusion ist ja lediglich in dem Sinne in der Prämisse enthalten, dass sie eine offensichtliche Voraussetzung, also eine notwendige Bedingung dafür darstellt. Sollte tatsächlich dieselbe Aussage wortgleich in Prämisse wie Konklusion stehen, wäre dieser Fall aber natürlich ebenfalls abgedeckt, denn natürlich gilt ›wenn p, dann p‹.

> Wenn wir ›K‹ als Abkürzung für die Konklusion und ›P‹ für die betreffende, oft als ›petitiös‹ bezeichnete Prämisse verwenden, können wir das auch so ausdrücken: Eine *petitio principii* liegt genau dort vor, wo eine Subjunktion der Form ›wenn P, dann K‹ wahr ist, diese jedoch nicht unter den weiteren Prämissen vorkommt, aus denen gemeinsam mit P auf anderem Wege auf K geschlossen wird.

Doch worin besteht hier das Problem genau? Bedeutet der Umstand, dass eine *petitio principii* vorliegt, dann einfach, dass man ein bestimmtes Argument durch ein kürzeres ersetzen kann, das eine der Prämissen beibehält, eine Subjunktion als zweite Prämisse ergänzt und per Modus Ponens zur Konklusion führt? Und könnte das nicht oft sogar besser sein?

In der Tat ist es oft gut, eine Konklusion auch auf einem anderen, kürzeren Weg begründen zu können. Doch gilt das in unserem Fall nicht. Und je offenkundiger die Subjunktion ›wenn P, dann K‹ wahr ist, desto schwerer wiegt die *petitio principii*. Denn wer von der Konklusion noch nicht überzeugt ist, wird natürlich auch die petitiöse Prämisse ablehnen. Die *petito principii* führt ja zu einem argumentativen Kurzschluss,[34] denn von der problematischen Prämisse gelangt man direkt über einen Modus Ponens zur Konklusion – oder eben von der Verneinung der Konklusion per Modus Tollens zur Verneinung der betreffenden Prämisse.

Argumente mit petitiösen Prämissen eignen sich daher nicht dazu, sich selbst oder andere von einer Konklusion zu überzeugen. Sie erfüllen die Grundfunktion eines Arguments nicht, die Frage nach der Konklusion zurückzuführen auf die Frage nach den Prämissen. Denn eine der Prämissen, nämlich die pe-

34 Vgl. hierzu ausführlich Betz 2010, S. 150–161.

titiöse Prämisse, setzt als solche allein schon voraus, dass die Konklusion bereits wahr ist.

Eine *petitio principii* kann man also als einen Argumentationsfehler bezeichnen. Doch handelt es sich bei ihr nicht um einen Fehlschluss, der ja darin bestehen würde, ein Argument fälschlicherweise für gültig zu halten (s. 3.3). Hier mag das ursprüngliche Argument durchaus gültig sein, wie auch das Kurzschlussargument per Modus Ponens. Ein Argumentationsfehler liegt genau dort vor, wo die Grundfunktion eines Arguments nicht mehr erfüllt ist, die Frage nach der Konklusion auf die Frage nach den Prämissen zurückzuführen. Fehlschlüsse stellen aber nur eine Form solcher Argumentationsfehler dar. Eine *petitio principii* ist eine andere.

Nun haben wir länger darüber nachgedacht, was eine *petitio principii* genau ist. Was bedeutet das am konkreten Beispiel? Den argumentativen Kurzschluss, auf den Nagel hinweist, können wir so darstellen:

Rekonstruktion 33: Kurzschluss in Rekonstruktion 32

P1. Wenn es nichts gibt, das Licht auf unsere Augen reflektiert und dadurch Sinneseindrücke verursacht, dann haben wir keine Sinneseindrücke von Häusern und anderem.

P2. Dass die Außenwelt existiert, ist eine notwendige Bedingung dafür, dass gilt: Wenn es nichts gibt, das Licht auf unsere Augen reflektiert und dadurch Sinneseindrücke verursacht, dann haben wir keine Sinneseindrücke von Häusern und anderem.

——— MP (P1, P2) ———

K. Die Außenwelt existiert.

Hier ist die Subjunktionsprämisse des Kurzschlussarguments arg lang – genauso lang wie der entscheidende Satz im Originaltext.

Ein besonders klares und berühmtes Beispiel für eine *petitio principii* ist demgegenüber erfreulich kurz. Es entstammt der Vorrede aus René Descartes' *Meditationen über die Grundlagen der Philosophie*. Vereinfacht dargestellt: Wer die Existenz Gottes damit begründet, dass sie in der Bibel behauptet wird, und sich somit auf die Verlässlichkeit der Bibel stützt, diese aber wiederum damit begründet, dass uns Gott als geistiger Schöpfer der Bibel nicht täuschen würde, der setzt in eben dieser Prämisse bereits die Konklusion von der Existenz Gottes voraus. Geistiger Schöpfer der Bibel kann schließlich nur ein Wesen sein, das auch existiert. Hier liegt eine Präsupposition vor.

Wir können das vereinfacht so darstellen, dass Rekonstruktion 34 durch Rekonstruktion 35 gestützt wird, was jedoch zu einem Kurzschluss führt, der in Rekonstruktion 36 benannt wird:

Rekonstruktion 34

P1. Was in der Bibel behauptet wird, ist wahr.
P2. In der Bibel wird behauptet, dass Gott existiert.
——— S, MP (P1, P2) ———
K. Gott existiert.

Rekonstruktion 35

P1. Gott ist der geistige Schöpfer der Bibel.
P2. Gott ist allwissend und allgütig.
P3. Wenn Gott der geistige Schöpfer der Bibel ist und Gott allwissend und allgütig ist, dann ist wahr, was in der Bibel behauptet wird.
——— K, MP (P1, P2, P3) ———
K. Was in der Bibel behauptet wird, ist wahr.

Rekonstruktion 36: Kurzschluss bei Rekonstruktionen 34–35

P1. Gott ist der geistige Schöpfer der Bibel.
P2. Dass Gott existiert, ist eine notwendige Bedingung dafür, dass Gott der geistige Schöpfer der Bibel ist.
——— MP (P1, P2) ———
K. Gott existiert.

Hier zeigt sich der argumentative Fehler, der in einer *petitio principii* liegt, besonders deutlich: Wer noch nicht davon überzeugt ist, dass Gott existiert, wird natürlich auch nicht akzeptieren, dass Gott der geistige Schöpfer der Bibel ist, und also weder Rekonstruktion 35 akzeptieren noch die dadurch gestützte Prämisse in Rekonstruktion 34 für gut begründet halten.

Aufgabe

Nagel beginnt einen weiteren Absatz mit »Selbst eine stärkere Form des Skeptizismus ist möglich.«[35] In diesem Absatz wird eine weitere *petitio principii* formuliert. Versuchen Sie, die beteiligten Argumente so weit wie möglich zu verstehen und zu rekonstruieren. Benennen Sie insbesondere die petitiöse Prämisse und stellen Sie das Kurzschlussargument sowie das kritisierte Argument in Standardform dar. Dabei können Sie sich an der Struktur von Rekonstruktion 32 (S. 124) orientieren.

35 Nagel 2012, S. 16.

3.6 Kontrapositionen

Der folgende Abschnitt behandelt einen weiteren wichtigen Zusammenhang zwischen hinreichenden und notwendigen Bedingungen, nämlich die Schlussprinzipien Kontraposition und Generelle Kontraposition. Dies lässt sich am besten vor dem Hintergrund der zu Beginn von 3.2 zitierten Passage entwickeln, die wir in Form von zwei einander stützenden Argumenten rekonstruiert haben. Stellen wir diese Einzelargumente zunächst erneut dar, nun jedoch zusammengefasst als ein längeres Argument:

Rekonstruktion 37: Kombination der Rekonstruktionen 23 und 25 (S. 94, 113)

P1. Wenn ich ein Solipsist bin, dann glaube ich nicht, dass andere existieren, die dieses Buch lesen könnten.
P2. Wenn ich nicht glaube, dass andere existieren, die dieses Buch lesen könnten, dann schreibe ich dieses Buch nicht.
P3. Ich schreibe dieses Buch.

K. Ich bin kein Solipsist.

Bisher haben wir den Schluss auf die Konklusion durch eine Kombination von Modus Tollens und Kettenschluss dargestellt. Doch kennen wir ja bereits einige Fälle, in denen Schlussprinzipien miteinander zusammenhängen. Dort hätten wir auch einfach zweimal den Modus Tollens anwenden können. Und ähnlich hätten wir ein Schlussprinzip anwenden können, das wir als einen bedingten Modus Tollens auffassen können: Wenn q tatsächlich eine notwendige Bedingung für p ist, dann steht fest: wenn q nicht der Fall ist, dann ist auch p nicht der Fall. Wie beim Modus Tollens ist also auch hier allein der Begriff der notwendigen Bedingung dafür verantwortlich, dass wir es mit einem gültigen Schlussprinzip zu tun haben. Halten wir dies wie folgt fest:

Kontraposition (KP)

wenn p, dann q

——— KP ———

wenn nicht q, dann nicht p

Variante: Die Form der Widersprüche ist beliebig. Entscheidend ist allein, dass die Aussagen in den hinreichenden Bedingungen der beiden Subjunktionen in einem kontradiktorischen Widerspruch zu denen in den notwendigen Bedingungen der jeweils anderen Subjunktion stehen. Beispiel: Aus ›wenn p, dann nicht q‹ folgt ›wenn q, dann nicht p‹.

Die Kontraposition erinnert an den umgangssprachlichen ›Umkehrschluss‹. Doch dieser Begriff ist für unsere Zwecke zu unklar (s. 3.3): Zum einen wird oft auch der Schluss von ›wenn p, dann q‹ auf ›wenn nicht p, dann nicht q‹ als ›Umkehrschluss‹ bezeichnet, doch wäre dies ein Fehlschluss der Bedingungsverwechslung. Und zum anderen fragt man zwar gelegentlich umgangssprachlich, ob ›der Umkehrschluss auch gilt‹, aber oft geht es dabei gar nicht unmittelbar um die Gültigkeit bestimmter Schlüsse, sondern darum, ob eine als hinreichend genannte Bedingung möglicherweise gleichzeitig auch notwendig ist.

Doch zurück zu dem besprochenen Schluss in der letzten Rekonstruktion. Mit dem neuen Schlussprinzip Kontraposition können wir ihn auch so darstellen:

Rekonstruktion 38

P1. Wenn ich ein Solipsist bin, dann glaube ich nicht, dass andere existieren, die dieses Buch lesen könnten.

——— KP (P1) ———

Z1. Wenn ich glaube, dass andere existieren, die dieses Buch lesen können, dann bin ich kein Solipsist.

P2. Wenn ich nicht glaube, dass andere existieren, die dieses Buch lesen könnten, dann schreibe ich dieses Buch nicht.

——— KP (P2) ———

Z2. Wenn ich dieses Buch schreibe, dann glaube ich, dass andere existieren, die dieses Buch lesen können.

——— KS (Z1, Z2) ———

Z3. Wenn ich dieses Buch schreibe, dann bin ich kein Solipsist.

P3. Ich schreibe dieses Buch.

——— MP (Z3, P3) ———

K. Ich bin kein Solipsist.

Die Kontraposition erlaubt es uns, einige Schlüsse deutlich besser darzustellen, die wir sonst auch mit anderen Schlussprinzipien darstellen könnten. Wenn dieses Argument beispielsweise bereits bei Z3 enden würde, wäre die Kontraposition entscheidend. So bleibt die Rekonstruktion klar und schnell nachvollziehbar. Ein längerer Umweg über eine hypothetische Annahme, den Modus Tollens und eine Annahme-Einbettung würde zwar auch zum Ziel führen, wäre aber deutlich zu umständlich.

Wie der Kettenschluss ein Gegenstück bei generellen Subjunktionen hat, so auch die Kontraposition. Auch in diesem Fall genügt allein der Begriff der notwendigen Bedingung, um zu verstehen, dass das betreffende Schlussprinzip gültig ist. Es lautet:

Generelle Kontraposition (GKP)

Alles, was F ist, ist G

——— GKP ———

Alles, was nicht G ist, ist nicht F

Varianten:

(a) Die Form der Widersprüche ist beliebig. Entscheidend ist einzig, dass die generellen Termini in den hinreichenden Bedingungen der beiden Subjunktionen und diejenigen, die in den notwendigen Bedingungen der jeweils anderen Subjunktion stehen, nicht gleichzeitig auf dasselbe zutreffen können, da sonst ein kontradiktorischer Widerspruch entstünde. Beispiel: Aus ›Alles, was nicht F ist, ist G‹ folgt ›Alles, was nicht G ist, ist F‹.

(b) Sind weitere generelle Termini Vorbedingungen in der Prämisse, dann auch in der Konklusion. Beispiel: Aus ›Für alle x gilt: wenn Ix, dann: wenn Fx ist, dann Gx‹ folgt ›Für alle x gilt: wenn Ix, dann: wenn nicht Gx, dann nicht Fx‹.

(c) Die generellen Termini können auch mehrstellig sein.

Ein Genereller Kettenschluss, so hatten wir in 3.4 festgehalten, ist besonders an solchen Stellen leicht nachzuvollziehen, an denen uns hierarchische Klassifikationen begegnen. Und Ähnliches gilt auch für die Generelle Kontraposition: »Alle Menschen sind Lebewesen. Also: Was kein Lebewesen ist, ist kein Mensch«. Oder mehrstellig: »Geschwister sind miteinander verwandt. Also: Solche, die nicht miteinander verwandt sind, sind auch keine Geschwister.«

In Argumenten kommen Generelle Kontraposition und Genereller Kettenschluss oft gemeinsam vor und auch in Verbindung mit weitaus komplexeren generellen Termini. Ein Beispiel für ein solches Argument findet sich in Nagels Kapitel 3 »Das Fremdpsychische«, das thematisch unmittelbar an das vorangegangene Kapitel über Skepsis und Erkenntnis anschließt: Angenommen, wir gehen einmal davon aus, dass wir Wissen von der Außenwelt haben können: Wie können wir denn dann – allein aufgrund unserer Beobachtung der Außenwelt und des Verhaltens anderer Personen – sicher wissen, dass die anderen vergleichbare Empfindungen haben wie wir, ja, ob sie überhaupt bewusste Wesen sind?

An diese Überlegung schließt das folgende Problem an. Es ist eine Sache zu sagen, dass wir selbst bei etwas, das uns ähnelt und ähnlich physisch strukturiert ist wie wir, am Ende nicht sicher wissen können, ob es Bewusstsein besitzt. Doch womöglich können wir darüber hinaus aus denselben Gründen gar nicht ausschließen, dass auch etwas, das uns nicht ähnelt, am Ende doch über Bewusstsein verfügt. Nagel schreibt:

> Vielleicht empfinden Bäume etwas auf eine Weise, die von der unseren total verschieden ist, und wir haben keine Möglichkeit, dies herauszufinden, da es uns in ihrem Fall nicht möglich ist, Korrelationen zwischen Erlebnissen und beobachtbaren Äußerungen oder physikalischen Bedingungen zu entdecken. Wir können solche Zuordnungen nur dann entdecken, wenn wir die Erlebnisse und die externen Äußerungen zusammen beobachten können: wir haben aber, außer in unserem eigenen Fall, nicht die Möglichkeit, Erlebnisse direkt zu beobachten.[36]

In dieser Passage finden sich sowohl allgemeine Überlegungen darüber, wann wir vom Bewusstsein von etwas anderem wissen können, als auch eine spezifische Anwendung dieser Überlegungen auf das Beispiel der Bäume. Beginnen wir in unserer Rekonstruktion mit dem ersten, allgemeinen Punkt:

36 Nagel 2012, S. 29.

Im ersten Satz dieser Passage wird einerseits die spätere Konklusion vorweggenommen, dass wir nicht sicher wissen können, ob Bäume Bewusstsein besitzen, und andererseits bereits eine zentrale Prämisse angedeutet: Um dies wissen zu können – unabhängig davon, ob bei Bäumen oder anderem –, müssen wir Korrelationen zwischen Erlebnissen und physischen Zuständen beobachten können. Diese notwendige Bedingung, so heißt es weiter, wird jedenfalls im Fall von Bäumen verletzt. Doch formulieren wir die betreffende Prämisse erst einmal für sich:

P1. Wir können nur dann wissen, ob etwas Bewusstsein besitzt, wenn wir bei ihm Korrelationen zwischen Erlebnissen und physischen Zuständen beobachten können.

Der zweite Satz macht mit der Wendung »nur dann« und dem Rückbezug auf »solche Zuordnungen« deutlich, dass hier eine notwendige Bedingung für die notwendige Bedingung in P1 behauptet werden soll: Um die betreffenden Korrelationen beobachten zu können, muss man auch dasjenige für sich genommen beobachten können, das mit anderem potentiell korrelieren soll. Wie die letzten Worte der Passage zeigen, ist für das hier formulierte Argument jedoch nur der eine Faktor, nämlich die Erlebnisse, relevant. Wir können also auch diese Prämisse passend formulieren:

P2. Bei all dem, bei dem wir Korrelationen zwischen Erlebnissen und physischen Zuständen beobachten können, können wir Erlebnisse beobachten.

Mit diesen beiden Prämissen können wir die Rekonstruktion beginnen und mit den uns bekannten Mitteln auf eine Konklusion schließen, die weitere Argumente stützen wird:

Rekonstruktion 39

P1. Wir können nur dann wissen, ob etwas Bewusstsein besitzt, wenn wir bei ihm Korrelationen zwischen Erlebnissen und physischen Zuständen beobachten können.
P2. Bei allem, bei dem wir Korrelationen zwischen Erlebnissen und physischen Zuständen beobachten können, können wir Erlebnisse beobachten.
——— GKS (P1, P2) ———
K. Wir können nur dann wissen, ob etwas Bewusstsein besitzt, wenn wir bei ihm Erlebnisse beobachten können.

Nun wissen wir bereits aus der Interpretation der gerade zitierten Passage, dass als weitere Prämisse die Information ins Spiel kommt, dass wir bei Bäumen keine Erlebnisse beobachten können und das damit begründet werden soll, dass wir bei Bäumen nicht wissen können, ob sie Bewusstsein besitzen. In diesem Argument tritt die Konklusion, die wir gerade begründet haben, nun als Prämisse auf.

P1. Wir können nur dann wissen, ob etwas Bewusstsein besitzt, wenn wir bei ihm Erlebnisse beobachten können.
P2. Für alle Bäume gilt, dass wir bei ihnen keine Erlebnisse beobachten können.
K. Für alle Bäume gilt, dass wir nicht wissen können, ob sie Bewusstsein besitzen.

An dieser Stelle benötigen wir nun die Generelle Kontraposition: Ein zentraler Zusammenhang zwischen P2 und der in Rekonstruktion 39 begründeten P1 liegt nämlich darin, dass in beiden Fällen derselbe generelle Terminus in der notwendigen Bedingung vorkommt, jedoch einmal verneint und einmal bejaht wird. Die Struktur des Arguments lautet: »Alles, was F ist, ist G. Alles, was H ist, ist nicht G. Also: Alles, was H ist, ist nicht F.«

An dieser Stelle können wir durch die Generelle Kontraposition dafür sorgen, dass genau dasselbe – nämlich ›nicht G‹ – einmal als hinreichende und einmal als notwendige Bedingung vorkommt. Und dann ist erneut ein Genereller Kettenschluss möglich. Wir kommen damit zu der folgenden Rekonstruktion:

Rekonstruktion 40

P1. Wir können nur dann wissen, ob etwas Bewusstsein besitzt, wenn wir bei ihm Erlebnisse beobachten können.

——— GKP (P1) ———

Z. Für alles, bei dem wir keine Erlebnisse beobachten können, gilt, dass wir nicht wissen können, ob es Bewusstsein besitzt.

P2. Für alle Bäume gilt, dass wir bei ihnen keine Erlebnisse beobachten können.

——— GKS (Z, P2) ———

K. Für alle Bäume gilt, dass wir nicht wissen können, ob sie Bewusstsein besitzen.

Ein Rückblick in die eben zitierte Passage zeigt schnell, dass diese Konklusion nur beispielhaft zu verstehen ist. Es geht hier weniger konkret um Bäume, sondern mindestens genauso um andere Pflanzen und Tiere und überhaupt um alles »außer in unserem eigenen Fall«.[37]

37 Nagel 2012, S. 29.

Vor diesem Hintergrund könnten wir Rekonstruktion 40 sogar noch einmal überarbeiten. Anstelle von »alle Bäume« könnten wir »alles, außer uns selbst« einsetzen, also den generellen Terminus »... ist ein Baum« ersetzen durch »... ist nicht mit uns selbst identisch«.

Doch allerspätestens an dieser Stelle wird offensichtlich, dass wir es hier nicht mit einstelligen, sondern mit zweistelligen generellen Termini zu tun haben, und zwar durchgängig in beiden Rekonstruktionen 39 und 40. Wir sollten also versuchen, die Rekonstruktion so zu überarbeiten, dass nicht einfach von »wir« und »uns« die Rede ist, sondern ganz präzise klar wird, dass allgemein über alle gesprochen wird – nicht nur über alle, deren Erlebnisse nicht beobachtet werden können, sondern auch über alle, die diese Erlebnisse nicht beobachten können. Denn dann können wir unter anderem auch klar formulieren, dass am Ende eine Konklusion steht, die die Beobachtung von Erlebnissen bei allen außer den Beobachtenden selbst betrifft. Dabei können wir weiterhin dieselben Schlussprinzipien verwenden, die ja so bestimmt waren, dass sie auch bei mehrstelligen generellen Termini angewendet werden können. Das Gesamtergebnis können wir wie folgt darstellen:

Rekonstruktion 41: Überarbeitung und Kombination der Rekonstruktionen 39–40

P1. Für alle x und alle y gilt: x kann nur dann wissen, ob y Bewusstsein besitzt, wenn x bei y Korrelationen zwischen Erlebnissen und physischen Zuständen beobachten kann.
P2. Für alle x und alle y gilt: Wenn x bei y Korrelationen zwischen Erlebnissen und physischen Zuständen beobachten kann, dann kann x bei y Erlebnisse beobachten.
——— GKS (P1, P2) ———

Z1. Für alle x und alle y gilt: x kann nur dann wissen, ob y Bewusstsein besitzt, wenn x bei y Erlebnisse beobachten kann.

—— GKP (Z1) ——

Z2. Für alle x und alle y gilt: Wenn x bei y keine Erlebnisse beobachten kann, dann kann x nicht wissen, ob y Bewusstsein besitzt.

P3. Für alle x und alle y gilt: Wenn x und y nicht identisch sind, dann kann x bei y keine Erlebnisse beobachten.

—— GKS (Z2, P3) ——

K. Für alle x und alle y gilt: Wenn x und y nicht identisch sind, dann kann x nicht wissen, ob y Bewusstsein besitzt.

Damit sind wir am Ende dieses Kapitels angelangt. Bedingungen sind in Diskussionen allgegenwärtig, teils in ganz einfachen Argumenten und Schlussformen, teils auch vergleichsweise komplex wie in der letzten Rekonstruktion. Die in diesem Kapitel erläuterten Schlussprinzipien zu verstehen und bei der Rekonstruktion von Argumenten anwenden zu können, ist ein großer Schritt auf dem Weg zu unserem Ziel, das Potential der logischen Argumentanalyse für konstruktive Diskussionen zu entfalten.

Aufgabe 1

Betrachten Sie erneut Rekonstruktion 32 (S. 124). Zeigen Sie, dass die Konklusion unter Verwendung der Kontraposition (a) auch ohne Modus Tollens und (b) auch ohne Modus Ponens aus den Prämissen gefolgert werden kann.

Aufgabe 2

Rekonstruieren Sie das folgende Argument:

»Kann man moralisch handeln und dennoch bestimmte andere bevorzugen? Ich denke nicht: Wer moralisch handelt, achtet ja beliebige andere. Doch entscheidet derjenige, der bestimmte andere bevorzugt, willkürlich, wer zu achten ist. Und wer das tut, achtet natürlich nicht beliebige andere. Wer moralisch handelt, bevorzugt also auch nicht bestimmte andere.«

4 Alternativen und Willensfreiheit

Das letzte Kapitel hat gezeigt, wie wichtig Bedingungen in Argumenten sind. Das folgende Kapitel baut auf diesen Ergebnissen auf und beschäftigt sich mit der Rolle einiger weiterer wichtiger Strukturen in Argumenten, vor allem mit Alternativen und mit der Frage, welche Konsequenzen oder Optionen aus der Verneinung bestimmter Aussagen folgen. Textgrundlage dafür bildet Kapitel 6 aus Nagels *Was bedeutet das alles?*. Dieses Thema ist auch inhaltlich eng mit der Auswahl zwischen möglichen Alternativen verbunden. Wenn es um Willensfreiheit geht, dann sprechen wir über offene Möglichkeiten, über Optionen und Entscheidungen.

4.1 Alternativen ausschließen

Beginnen wir mit dem Beispiel, mit dem auch Nagel in das Thema einsteigt.[38] Eine Person hat beim Nachtisch die Wahl zwischen zwei Optionen. Sie entscheidet sich gegen die eine und für die andere. Sie nimmt den Pfirsich nicht, sondern stattdessen die Torte. Nehmen wir einmal an, dass diese Entscheidung nicht zuerst eine Entscheidung für die Torte, sondern zunächst eine Entscheidung gegen den Pfirsich war. Etwa: »Weil der Pfirsich mir nicht schmeckt, nehme ich stattdessen die Torte.« Dann können wir die Begründung der Entscheidung wie folgt als Argument auffassen:

38 Vgl. Nagel 2012, S. 50.

Rekonstruktion 42

P1. Ich nehme die Torte oder den Pfirsich.
P2. Ich nehme den Pfirsich nicht.
———
K. Ich nehme die Torte.

Schlüsse dieser Art sind offensichtlich gültig. Wenn klar ist, dass ich Torte oder Pfirsich nehme, was ja auch ausschließt, dass ich keins von beiden nehme, und zudem klar ist, dass ich das eine nicht nehme, dann ist auch klar, dass ich das andere nehme. Ganz allgemein formuliert: Wenn wir wissen, dass ›p oder q‹ wahr ist und zudem eine der beiden Alternativen ausschließen, dann wissen wir, dass die andere Alternative der Fall sein muss. Das liegt allein in der Bedeutung des Begriffs ›oder‹ und des Begriffs der Verneinung.

Aussagen der Form ›p oder q‹ bezeichnen wir als ›Disjunktionen‹. Schlüsse dieser Art sehen so aus:

Ausschlussprinzip (A)

p oder q
nicht p
——— A ———
q

Varianten:
(a) Die Reihenfolge der mit ›oder‹ verbundenen Teilaussagen ist beliebig.
(b) Die Form des Widerspruchs ist beliebig. Entscheidend ist einzig, dass die Aussage in der zweiten Prämisse und eine der mit ›oder‹ verbundenen Aussagen in der ersten Prämisse in einem kontradiktorischen Widerspruch zueinander stehen.
Beispiel: Aus ›p oder nicht q‹ und ›q‹ folgt ›p‹.

Viele werden dieses Schlussprinzip kennen und unter anderem mit Quizshows assoziieren. Das ist kein Zufall: Das Ausschlussprinzip ist gerade dann besonders nützlich, wenn wir wissen, dass es nur eine begrenzte Anzahl von Alternativen gibt (das ist die erste Prämisse im obigen Schema) und wenn wir gleichzeitig eine oder mehrere dieser Alternativen ausschließen können. Aus diesem Grunde lässt sich sogar dann eine bestimmte Konklusion begründen, wenn man selbst gar keine positiven Gründe für sie angeben kann, sondern eben allein aus dem Wissen um die begrenzten Alternativen argumentiert, die jeweils verneint werden. Das Ausschlussprinzip lässt sich dabei natürlich bei beliebig vielen Alternativen anwenden, so dass nach der Verneinung der einen Alternative eben die anderen Alternativen übrigbleiben.

Das Beispiel der Quizshow zeigt aber nicht nur die Potentiale, sondern auch die Gefahren dieses Schlussprinzips deutlich auf. In einer Quizshow sind wir uns dessen sicher, dass die Aufzählung der Alternativen vollständig ist, dass also keine relevante und insbesondere nicht die in diesem Kontext korrekte Option fehlt. In anderen Fällen mag das ganz anders sein. Wer zum Beispiel zwei wissenschaftliche Theorien testet und die erste, aber nicht die zweite widerlegen kann, darf daraus natürlich nicht schließen, dass die zweite Theorie sicher wahr sein muss. Die Annahme, dass es neben den beiden untersuchten Theorien keinerlei weitere Optionen gibt, wird sich schließlich kaum rechtfertigen lassen.

Das Ausschlussprinzip ist also immer dort, aber auch nur dort einschlägig, wo eine Disjunktion als Prämisse vorliegt, die tatsächlich alle relevanten Alternativen berücksichtigt. Wo das nicht der Fall ist, liegt der folgende Argumentationsfehler vor:

Eine **Falsche Alternative** (auch ›Unvollständige Fallunterscheidung‹) besteht in dem argumentativen Fehler, eine Prämisse zu verwenden, die zwar Alternativen nennt, dabei aber nicht alle tatsächlich relevanten Alternativen aufführt. Denn so lässt sich die Konklusion des betreffenden Arguments nicht überzeugend begründen. Im strengen Sinne ist das jedoch kein Fehlschluss: Wären die Prämissen wahr, würde die Konklusion ja tatsächlich folgen. Vielmehr ist eine der Prämissen problematisch: Wenn beispielsweise ›p‹ und ›q‹ nicht die einzigen Alternativen darstellen, sondern auch ›r‹ genauso möglich und relevant ist, dann ist die Prämisse ›p oder q‹ ja falsch. Wahr ist stattdessen ›p oder q oder r‹.

Am Ende von 3.3 hatten wir festgehalten, dass wir vorsichtig damit sein sollten, jemandem vorzuwerfen, einen Fehlschluss oder einen anderen Argumentationsfehler begangen zu haben. Das Prinzip des Wohlwollens empfiehlt ganz zu Recht, zunächst einmal zu prüfen, ob beispielsweise einfach unsauber formuliert wurde oder ob noch weitere relevante Überlegungen in die Interpretation einbezogen werden müssten. Im Fall der Falschen Alternative ist das besonders offenkundig. Es mag zum Beispiel sein, dass in einer bestimmten Passage nur zwei Optionen erwähnt werden – unter denen dann per Ausschlussprinzip auf eine der beiden geschlossen wird –, obwohl eigentlich klar ist, dass diese Fallunterscheidung unvollständig ist. Dies wäre dann nicht automatisch der Fehler, denn es mag sein, dass die übrigen Alternativen anderswo durchaus berücksichtigt werden. Ja, es mag sogar sein, dass die aktuell als Prämisse verwendete Disjunktion anderswo ihrerseits begründet wurde. Kurz: Wer anderen eine unvollständige Fallunterscheidung vorwirft, sollte vorher sehr gründlich geprüft haben, ob die angeblich unberücksichtigten Alternativen nicht doch bereits behandelt wurden.

Lassen Sie uns das an einem Beispiel betrachten: Angenommen, bei der in Rekonstruktion 42 begründeten Entscheidung für die Torte und gegen den Pfirsich hätte es auch noch ein Sorbet zur Wahl gegeben. Ist P1 dann sicher falsch? Nicht unbedingt, nämlich etwa dann nicht, wenn das Sorbet etwa ohnehin aufgrund seines hohen Preises nicht in Frage kam. Dann könnte man diese Aussage womöglich so begründen:

Rekonstruktion 43

P1. Ich nehme die Torte oder den Pfirsich oder das Sorbet.
P2. Was zu teuer ist, nehme ich nicht.
P3. Das Sorbet ist zu teuer.
——— S, MP (P2, P3) ———
Z. Ich nehme das Sorbet nicht.
——— A (P1, Z) ———
K. Ich nehme die Torte oder den Pfirsich.

Betrachten wir in diesem Zusammenhang auch noch eine weitere Möglichkeit, wie eine Entscheidung über die Wahl des Nachtischs hätte begründet werden können:

Rekonstruktion 44

P1. Ich nehme die Torte oder den Pfirsich.
P2. Ich nehme die Torte.
———
K. Ich nehme den Pfirsich nicht.

Im Vergleich zu Rekonstruktion 42 wurden hier die Aussagen in P2 und K miteinander vertauscht. Doch ist der Schluss ebenfalls gültig? Hier könnten manche mit »Nein« und andere mit »Ja« antworten. Die beste Antwort aber lautet: »Das kommt darauf an.«

Warum? P1 besagt, dass es zwei Alternativen gibt. Wenn es sich dabei um einschließende Alternativen handelt, man also durchaus einen doppelten Nachtisch aus Torte und Pfirsich hätte wählen können, dann ist der Schluss offenkundig ungültig. Denn dann würde genau diese Option, beides zu wählen, bereits ein einschlägiges Gegenbeispiel gegen das betreffende Schlussprinzip liefern. Insofern P1 also Alternativen nennt, die tatsächlich oder zumindest möglicherweise einschließend sind, handelt es sich hier um einen Fehlschluss. Wenn in P1 allerdings ausschließende Alternativen ausgedrückt werden sollen, dann ist der Schluss durchaus gültig. Wenn genau eine der beiden Alternativen zutrifft – also entweder Torte ohne Pfirsich oder Pfirsich ohne Torte, aber weder beides noch keines von beiden –, dann folgt aus der Bejahung der einen die Verneinung der anderen Alternative.

Diese Unterscheidung haben wir umgangssprachlich als die Unterscheidung zwischen einem einschließenden und einem ausschließenden ›oder‹ bezeichnet. In der Logik und Argumentationstheorie gibt es zudem auch Fachtermini für die auf diese Weise gebildeten Aussagen:

> Eine **Disjunktion** (auch: Adjunktion) ist eine Aussage, die in der Form ›p oder q‹ reformuliert werden kann. Sie beinhaltet ein einschließendes ›oder‹ und besagt demnach: Entweder ›p‹ ist wahr oder ›q‹ ist wahr oder beide sind wahr.

> Eine **Kontravalenz** ist eine Aussage, die ein ausschließendes ›oder‹ beinhaltet, die also besagt: Entweder ist ›p‹ wahr und ›q‹ gleichzeitig falsch oder ›q‹ ist wahr und ›p‹ gleichzeitig falsch. Eine solche Aussage lässt sich als ›p oder q, aber nicht beides‹ reformulieren.

Eine Kontravalenz kann auch durch die Formulierung ›entweder p oder q‹ ausgedrückt werden. Doch ist hier Vorsicht geboten: Das Wörtchen ›entweder‹ hat zwar stets die wichtige Funktion, den Beginn einer Aufzählung von Alternativen zu markieren. Doch hat es nicht immer die Funktion, diese Alternativen auch als ausschließende zu kennzeichnen. So würde zum Beispiel niemand ernsthaft sagen, eine Aussage wie »Entweder Ada oder Emil holen dich ab« würde dadurch falsch, dass Ada und Emil beide zum Abholen kommen.[39] Unabhängig davon, ob wir es in diesen Fällen mit einer Lesart oder mit einer wohlwollenden Umdeutung der Aussage zu tun haben: Ein ›entweder‹ bedeutet nicht automatisch, dass das ›oder‹ als ausschließend verstanden werden sollte.

Um eine Kontravalenz klar als solche zu markieren, bietet sich daher vor allem die vorgeschlagene Wendung ›p oder q, aber nicht beides‹ an. Eine andere Möglichkeit besteht darin, Kontravalenzen als Bisubjunktionen zu reformulieren, und zwar in der Form ›p genau dann, wenn nicht q‹ oder, gleichbedeutend, ›nicht p genau dann, wenn q‹. Diese Wendung soll natürlich nicht ins Alltagsvokabular aufgenommen werden. Doch in Argumentrekonstruktionen hat sie einige Vorteile, etwa in folgendem Fall: Wenn P1 in dem Argument in Rekonstruktion 44 tatsächlich eine Kontravalenz ausdrücken soll, dann lässt sie sich wie folgt überarbeiten:

Rekonstruktion 45: Überarbeitung von Rekonstruktion 44

P1. Ich nehme die Torte genau dann, wenn ich den Pfirsich nicht nehme.
P2. Ich nehme die Torte.
——— B, MP (P1, P2) ———
K. Ich nehme den Pfirsich nicht.

Dieses Verfahren lässt sich auf alle entsprechend formulierten Kontravalenzen anwenden. Je nachdem, welche der Alterna-

39 Vgl. Rosenkranz 2006, S. 81.

tiven man als verneinten Teil der Bisubjunktion darstellt, und je nachdem, welche der Alternativen bejaht wird, folgt nach dem ersten Teilschluss durch das Bisubjunktionsprinzip entweder, wie hier, ein Modus Ponens oder ein Modus Tollens. Das Prinzip, Kontravalenzen in Argumentrekonstruktionen immer in der Form ›p genau dann, wenn nicht q‹ zu formulieren, gestattet es uns also, Schlüsse dieser Form sehr eingängig und allein durch die bereits bekannten Schlussprinzipien darzustellen.

Wer an dieser Stelle lieber ein eigenes Schlussprinzip verwenden möchte, müsste es wie folgt formulieren: »Aus ›p oder q, aber nicht beides‹ und ›p‹ folgt ›nicht q‹«. Man könnte es einen Kontravalenzschluss nennen. Es wäre auch möglich, nur den Teil ›aber nicht beides‹ zu betrachten und dort das Schlussprinzip »Aus ›nicht (p oder q)‹ und ›p‹ folgt ›nicht q‹« anzuwenden, das auch als Modus Ponendo Tollens bekannt ist.

Kommen wir noch einmal zur ursprünglichen Formulierung des Arguments in Rekonstruktion 44 zurück, in dem P1 einfach nur mit ›oder‹ ausgedrückt war: Haben wir es hier nun mit einem Fehlschluss zu tun? So formuliert muss man die Frage bejahen, denn hier wird nicht ausdrücklich darauf hingewiesen, dass die beiden in P1 genannten Alternativen einander ausschließen. Das gilt jedoch nur dann, wenn diese Rekonstruktion gründlich nach dem Prinzip des Wohlwollens geprüft wurde, so dass andernfalls Rekonstruktion 45 nicht doch die bessere wäre.

Ein solcher Fehlschluss besteht darin, ein einschließendes für ein ausschließendes ›oder‹ beziehungsweise eine Disjunktion für eine Kontravalenz zu halten. Wir können ihn daher abschließend wie folgt festhalten:

Falsche Kontravalenz
Aus ›p oder q‹ und ›p‹ folgt mitnichten ›nicht q‹.
Beispiel: Aus »Ich bin müde oder ich bin krank« und »Ich bin müde« folgt mitnichten »Ich bin nicht krank« – ich könnte ja beides zugleich sein.

Aufgabe 1

Rekonstruieren Sie das folgende Argument:

»Ich verstehe nicht, wie man davon ausgehen kann, dass es wirklich einen allmächtigen Gott gibt. Denn entweder sind die Übel in der Welt vermeidbar oder Gott ist gar nicht allmächtig. Wenn aber die Übel in der Welt vermeidbar sind, dann kann Gott nicht gütig sein. Dass Gott aber gütig ist, steht außer Frage. Der Punkt ist nur: Allmächtig ist er nicht.«

Aufgabe 2

Rekonstruieren Sie das folgende Argument:

»Entweder ich studiere Philosophie oder ich studiere Ökonomie. Wenn ich mich nicht von anderen verunsichern lasse, dann studiere ich, was mich wirklich interessiert. Und dann studiere ich natürlich Philosophie. Inzwischen steht auch endlich fest: Ich lasse mich einfach nicht von anderen verunsichern. Also studiere ich nicht Ökonomie.«

4.2 Ein deterministisches Argument

Wir haben anhand von Nagels Einstiegsbeispiel einige grundlegende Begriffe und Schlussformen mit Disjunktionen und Kontravalenzen herausgearbeitet. Höchste Zeit, dass wir endlich konkrete Argumente und Debatten betrachten.

Das Nachtisch-Beispiel soll die Idee der freien Entscheidung illustrieren. Nagel schlägt vor, diese Idee so zu fassen: »Nichts von dem, was bis zu dem Punkt geschieht, an dem Sie sich entscheiden, legt unwiderruflich fest, wie Ihre Entscheidung ausfallen wird.«[40] Die Entscheidung findet also zwischen sogenannten *offenen Möglichkeiten* statt, sie wird durch nichts vollständig festgelegt oder determiniert. Entsprechend wäre es natürlich interessant, was es bedeuten würde, wenn die eigenen Entscheidungen eben doch vollständig determiniert wären. Diese Auffassung nennt man üblicherweise ›Determinismus‹.

Ehe wir uns mit dem Determinismus in 4.4 näher beschäftigen, geht es in diesem Abschnitt um eine Passage, in der Nagel erst einmal unabhängig von Fragen der Freiheit und der Verantwortung illustriert, wo wir es mit determinierten Ereignissen zu tun haben. Er schreibt:

> Es besteht keine »offene Möglichkeit«, dass die Sonne morgen nicht aufgehen und es einfach Nacht bleiben wird. Das ist unmöglich, denn es könnte sich nur dadurch ereignen, dass die Erde sich zu drehen aufhört oder die Sonne plötzlich nicht mehr existiert, und im Augenblick geht in unserer Galaxie nichts vor, was das eine oder das andere zur Folge haben könnte.[41]

Nagel behauptet, dass es nicht möglich ist, dass die Sonne morgen nicht aufgeht, und er liefert gleich eine Begründung für diese These, wie das ›denn‹ im zweiten Satz klar anzeigt. Doch wie lässt sich dieses Argument genau nachvollziehen?

40 Nagel 2012, S. 52.
41 Nagel 2012, S. 52.

Wäre es möglich, dass die Sonne morgen nicht aufgeht, so heißt es zu Beginn des zweiten Satzes, dann müsste eine von zwei Alternativen gegeben sein:

(1) Die Erde hört morgen auf, sich zu drehen.
(2) Die Sonne existiert morgen nicht mehr.

Hier ist natürlich kritisch anzumerken, dass das eine Falsche Alternative sein dürfte, da auch andere Optionen denkbar sind, etwa lediglich eine bestimmte Veränderung statt dem vollständigen Ende der Erddrehung. Doch schränkt Nagels Formulierung ›nur dadurch‹ die Möglichkeiten in der Tat ganz explizit auf die beiden genannten ein. Und beide, so das Ende des Satzes, können wir verneinen. Lassen wir die sicherlich unvollständige Fallunterscheidung einmal außer Acht, könnten wir also versuchen, das Argument als eine Annahmewiderlegung zu begreifen und zunächst so skizzieren:

Rekonstruktion 46

H. Es ist möglich, dass die Sonne morgen nicht aufgeht.
P1. Wenn es möglich ist, dass die Sonne morgen nicht aufgeht, dann ist es entweder möglich, dass die Sonne morgen nicht existiert, oder es ist möglich, dass die Erde sich morgen zu drehen aufhört.
——— MP (H, P1) ———
Z1. Es ist möglich, dass die Sonne morgen nicht existiert, oder es ist möglich, dass die Erde sich morgen zu drehen aufhört. (angenommen H)
...
——— AW (...) ———
K. Es ist nicht möglich, dass die Sonne morgen nicht aufgeht.

So weit, so gut. Um die anvisierte Annahmewiderlegung anwenden zu können, muss nun aus Z1 ein Widerspruch hergeleitet werden. Dazu benötigen wir natürlich die Verneinungen der beiden in Z1 genannten Alternativen. Im Anschluss könnten wir das Ausschlussprinzip anwenden, um mithilfe der einen Verneinung auf die verbleibende Alternative zu schließen. Und auf diese Weise würden wir zeigen, dass zwischen der verbleibenden Alternative und der zweiten Verneinung ein klarer kontradiktorischer Widerspruch vorliegt.

In Nagels Text finden sich die entsprechend benötigten Verneinungen nicht. Stattdessen merkt er an: »im Augenblick geht in unserer Galaxie nichts vor, was das eine oder das andere zur Folge haben könnte.«[42] Wir finden also allenfalls die beiden folgenden Prämissen explizit im Text:

P2. Im Universum geschieht nichts, das verursachen könnte, dass die Sonne morgen nicht mehr existiert.
P3. Im Universum geschieht nichts, das verursachen könnte, dass die Erde sich morgen zu drehen aufhört.

Damit diese Thesen tatsächlich die Begründungsfunktion haben, die Nagel ihnen hier ganz explizit zuschreibt, müssen wir uns also wie gewohnt auf die Suche nach einer impliziten Prämisse begeben. Es fehlt offenbar ein Zusammenhang zwischen dem Fehlen von Ursachen für etwas und dessen Unmöglichkeit – eine Art Prinzip der Unmöglichkeit des Unverursachten. Wir könnten es wie folgt formulieren:

P4. Für alle x gilt: Wenn im Universum nichts geschieht, das verursachen könnte, dass x geschieht, dann ist es nicht möglich, dass x geschieht.

42 Nagel 2012, S. 52.

Ob Nagel tatsächlich diese generelle Subjunktion unterschreiben würde, lässt sich nur schwer entscheiden. Und man müsste nun auch genauer fragen: Gilt das tatsächlich sicher? Ist vielleicht der radioaktive Verfall ein Gegenbeispiel, da er zwar statistisch bestimmt ist, aber keine konkreten Ereignisse als Ursachen kennt? Auch wenn wir diese Fragen hier leider nicht weiterverfolgen können, ist es ein wichtiger Gewinn für die weitere Diskussion über dieses Argument, diese Prämisse explizit gemacht zu haben. Denn immerhin steht zweifellos fest: P4 ist genau das, was Nagel unterstellt, um so schließen zu dürfen, wie er tatsächlich schließt. Solange wir hier also keine Gegenevidenz vorfinden, können wir die folgende Rekonstruktion vorläufig festhalten:

Rekonstruktion 47

H. Es ist möglich, dass die Sonne morgen nicht aufgeht.
P1. Wenn es möglich ist, dass die Sonne morgen nicht aufgeht, dann ist es entweder möglich, dass die Sonne morgen nicht existiert, oder es ist möglich, dass die Erde sich morgen zu drehen aufhört.
——— MP (H, P1) ———
Z1. Es ist möglich, dass die Sonne morgen nicht existiert, oder es ist möglich, dass die Erde sich morgen zu drehen aufhört. (angenommen H)
P2. Im Universum geschieht nichts, das verursachen könnte, dass die Sonne morgen nicht mehr existiert.
P3. Im Universum geschieht nichts, das verursachen könnte, dass die Erde sich morgen zu drehen aufhört.
P4. Für alle x gilt: Wenn im Universum nichts geschieht, das verursachen könnte, dass x geschieht, dann ist es nicht möglich, dass x geschieht.
——— S, MP (P2, P4) ———

Z2. Es ist nicht möglich, dass die Sonne morgen nicht mehr existiert.

——— S, MP (P3, P4) ———

Z3. Es ist nicht möglich, dass die Erde sich morgen zu drehen aufhört.

——— A (Z1, Z2) ———

Z4. Es ist möglich, dass die Erde sich morgen zu drehen aufhört. (angenommen H)

——— AW (Z3, Z4) ———

K. Es ist nicht möglich, dass die Sonne morgen nicht aufgeht.

Damit haben wir neben den einfacheren Beispielen aus 4.1 nur auch ein komplexeres Argument kennengelernt, in dem das Ausschlussprinzip eine entscheidende Rolle spielt.

Es gibt jedoch auch weitere Möglichkeiten, wie aus den Prämissen P1 bis P4 gemeinsam auf die Konklusion geschlossen werden kann.

Ziehen wir dazu die Zwischenkonklusionen Z2 und Z3 heran. Könnte man diese nicht einfach mit dem Konjunktionsprinzip verbinden und dann gemeinsam mit P1 per Modus Tollens schließen? Bliebe uns der Umweg über die Annahmewiderlegung dann nicht erspart?

Die Form des Schlusses, in der durch P1 und die aus Z2 und Z3 gewonnene Konjunktion auf K geschlossen werden soll lautet: ›Wenn p, dann q oder r‹, ›nicht q und nicht r‹, also ›nicht p‹. Hier kann man einen Modus Tollens erkennen, auch wenn der Schluss natürlich nicht dem üblichen Schema entspricht. Denn dazu würden wir ja genau die Verneinung der notwendigen Bedingung, also eine Aussage der Form ›nicht (q oder r)‹ benötigen. Doch diese Aussage folgt natürlich ihrerseits aus ›nicht q und nicht r‹. Dieser Schluss beruht auf begrifflichen Zusammenhängen zwischen Konjunktionen, Disjunktionen und Verneinungen, also zwischen den Begriffen ›und‹, ›oder‹ und ›es ist nicht der Fall, dass‹:

(1) Dass eine Disjunktion ›p oder q‹ falsch ist, bedeutet, dass beide Teilaussagen falsch sind. Aus ›nicht (p oder q)‹ folgt also ›nicht p und nicht q‹ und umgekehrt.
(2) Dass eine Konjunktion ›p und q‹ falsch ist, bedeutet, dass mindestens eine der beiden Teilaussagen falsch ist. Aus ›nicht (p und q)‹ folgt also ›nicht p oder nicht q‹ und umgekehrt.

Diese Zusammenhänge werden üblicherweise nach dem Mathematiker Augustus De Morgan benannt. Wir können sie daher wie folgt als Schlussprinzip festhalten.

De Morgan (DM)

Formen 1–2:

nicht (p oder q)
——— DM ———
nicht p und nicht q
——— DM ———
nicht (p oder q)

Formen 3–4:

nicht (p und q)
——— DM ———
nicht p oder nicht q
——— DM ———
nicht (p und q)

Varianten: Auch in verneinten Konjunktionen und Disjunktionen ist die Reihenfolge der mit ›und‹ oder ›oder‹ verbundenen Teilaussagen beliebig (s. Konjunktions- und Ausschlussprinzip).

Betrachten wir den betreffenden Teilschluss aus Rekonstruktion 47 nun noch einmal vollständig für sich. Dazu übernehmen wir P1 und etikettieren Z2 und Z3 der Einfachheit halber zu P2 und P3 um. Das Ergebnis lautet:

Rekonstruktion 48

P1. Wenn es möglich ist, dass die Sonne morgen nicht aufgeht, dann ist es entweder möglich, dass die Sonne morgen nicht existiert, oder es ist möglich, dass die Erde sich morgen zu drehen aufhört.

P2. Es ist nicht möglich, dass die Sonne morgen nicht mehr existiert.

P3. Es ist nicht möglich, dass die Erde sich morgen zu drehen aufhört.

——— K (P2, P3) ———

Z1. Es ist nicht möglich, dass die Sonne morgen nicht mehr existiert, und es ist nicht möglich, dass die Erde sich morgen zu drehen aufhört.

——— DM (Z1) ———

Z2. Es ist nicht der Fall, dass es entweder möglich ist, dass die Sonne morgen nicht mehr existiert, oder es möglich ist, dass die Erde sich morgen zu drehen aufhört.

——— MT (P1, Z2) ———

K. Es ist nicht möglich, dass die Sonne morgen nicht aufgeht.

Ähnlich wie das Konjunktionsprinzip, wenn auch etwas weniger trivial, gilt auch für De Morgan, dass Argumente, die allein dieses Schlussprinzip nutzen, kaum interessant sind und auch praktisch nie vorkommen. Doch im Zusammenspiel mit anderen Schlussprinzipien spielt es oft eine wichtige Rolle, unter anderem dann, wenn eine per Modus Tollens verneinte notwendige Bedingung einer Subjunktion ihrerseits in einer Konjunktion oder einer Disjunktion besteht.

Aufgabe

Rekonstruieren Sie das folgende Argument:

»Wenn ich alle meine Wünsche in die Tat umsetze, dann werde ich gleichzeitig Künstler und Profisportler. Doch der Tag hat nur 24 Stunden, und ich werde auf jeden Fall mein finanzielles Auskommen sichern. Wenn ich das aber tue, dann werde ich entweder nicht Künstler oder nicht Profisportler. Also setze ich nicht alle meine Wünsche in die Tat um.«

4.3 Alternativen und Kombinationen

Wir haben im letzten Abschnitt ein Argument betrachtet, das die Idee des Determiniertseins von Ereignissen illustriert, und an diesem Beispiel weitere Schlussformen mit Disjunktionen und Konjunktionen kennengelernt. Im folgenden Abschnitt werden wir endlich die Auffassung des Determinismus genauer bestimmen und in diesem Zusammenhang auch auf weitere Strukturen von Disjunktionen und Konjunktionen im Rahmen kombinierter Bedingungen stoßen.

Nagel selbst schlägt die folgende Erläuterung des Determinismus vor:

> Die Summe aller Erfahrungen, Wünsche und Erkenntnisse einer Person sowie ihre Erbanlagen, die gesellschaftlichen Bedingungen und der Charakter der Entscheidung, mit der sie konfrontiert ist, wirken mit anderen Faktoren, die uns möglicherweise unbekannt sind, zusammen und machen eine bestimmte Handlung unter den gegebenen Umständen unausweichlich.
>
> Diese Auffassung bezeichnet man als »Determinismus«. Der Determinismus glaubt nicht, dass sämtliche Gesetzmä-

> ßigkeiten des Universums *bekannt* sein und zur *Vorhersage* dessen herangezogen werden können, was geschehen wird. [...] Die Hypothese besagt, dass es Naturgesetze wie jene, welchen die Bewegung der Planeten unterworfen ist, *gibt*, die alles bestimmen, was in der Welt geschieht – und dass die vor einer Handlung bestehenden Umstände kraft solcher Gesetze sowohl festlegen, dass die Handlung erfolgen wird, als auch jede andere Möglichkeit ausschließen.[43]

Es gibt verschiedene deterministische Auffassungen: Ist alles im Universum determiniert oder nur manches? Sind es immer physikalische Prozesse, die Ereignisse festlegen, oder im Falle menschlicher Handlungen eher soziale oder mentale Faktoren? All diese Dinge lassen wir beiseite. Entscheidend für das Verhältnis zwischen Determinismus und Freiheit ist einzig, dass es solche Ursachen gibt, die gemeinsam vollständig bestimmen, was geschieht.

Wir können diese Auffassung auch mithilfe der logisch-semantischen Begriffe beleuchten, die wir inzwischen kennengelernt haben: Behauptet wird offenbar, dass es allgemeine Prinzipien gibt, die für jeden Einzelfall bestimmen, welche Kombination von Faktoren festlegt, was sich tatsächlich ereignet. Das bedeutet: Es gibt Allsätze, aus denen per Spezialisierung gefolgert werden kann, welche Konjunktion von Aussagen über die Vergangenheit eine hinreichende Bedingung für welche Aussage über die Gegenwart darstellt. Einem konkreten Anwendungsfall solcher deterministischen Schlüsse liegen also allein die Schlussprinzipien Spezialisierung, Konjunktionsprinzip und Modus Ponens zugrunde, die immer dort einschlägig sind, wo es um die Erfüllung allgemeiner Bedingungen geht (s. 3.1).

43 Nagel 2012, S. 53 f.

An dieser Stelle lohnt es sich jedoch, erneut kurz innezuhalten. Denn wie auch immer die deterministischen Prinzipien nun genau aussehen werden, die allem zugrunde liegen sollen: Je allgemeiner sie sind, desto mehr verschiedene Fälle – und das bedeutet auch: desto mehr Alternativen – müssen sie umfassen. Bis zu diesem Punkt könnte man auf den Gedanken kommen, wir hätten es allein mit Konjunktionen als hinreichenden Bedingungen zu tun. Doch könnten im skizzierten Zusammenhang nicht genauso gut auch Disjunktionen eine Rolle spielen?

Keine Frage, und sie müssen das sogar, denn für dieselbe Wirkung kann eine ganze Reihe alternativer möglicher Ursachen in Frage kommen. Das lässt sich bereits an ganz alltäglichen Beispielen für Verursachungen begreifen: Die Ursache für das Herunterfallen der Vase kann meine Handbewegung sein, aber genauso auch das Vorbeistreichen der Katze, das Dagegenfallen der Flasche und so weiter. All dies wäre einzeln hinreichend und das Hintergrundprinzip erfordert allein, dass eine von mehreren möglichen Ursachen tatsächlich vorliegt, ohne jedoch eine der Alternativen festzulegen.

Alternativen können auf zwei verschiedene Weisen als hinreichende Bedingungen dienen, die auch gleichzeitig vorliegen können:

(1) Alle Alternativen fallen unter einen geeigneten generellen Terminus, so dass sie bereits in einer generellen Subjunktion ›alles, was F ist, ist G‹ unter ›F‹ abgedeckt sind.
(2) Der ›wenn‹-Teil einer Subjunktion umfasst tatsächlich eine Disjunktion, bei nur zwei Alternativen zum Beispiel in der Form ›wenn (p oder q), dann r‹ oder als Allsatz ›alles, was F oder G ist, ist H‹.

Wie würde ein deterministischer Schluss in einem solchen Fall aussehen? Betrachten wir dazu im Anschluss an das zuletzt analysierte Argument die folgende mögliche Prämisse:

P1. Wenn die Sonne morgen nicht mehr existiert oder sich die Erde morgen zu drehen aufhört, dann geht die Sonne morgen nicht auf.

Angenommen, diese Prämisse würde in einem Argument vorgebracht, das zeigen soll, dass morgen die Sonne tatsächlich nicht aufgeht. Welche weitere Prämisse wäre nötig, um gültig schließen zu können? Aufgrund der Disjunktion im ›wenn‹-Teil haben wir hier die Wahl: »Die Sonne existiert morgen nicht mehr« und »Die Erde hört morgen auf sich zu drehen« würden beide bereits allein ausreichen. Das ist bereits begrifflich durch die Bedeutung des ›oder‹ festgelegt: Wenn, wie in P1, eine Disjunktion zweier Aussagen p oder q hinreichend ist für eine dritte Aussage r, dann ist auch jede einzelne dieser beiden Aussagen hinreichend für r. Und das gilt analog auch für generelle Termini und generelle Subjunktionen.

Ehe wir also per Modus Ponens, Kettenschluss oder Generellem Kettenschluss weiter schließen, müssen wir also den Fokus auf die jeweils relevante Alternative legen. Daher der Name für das wie folgt bestimmte Schlussprinzip:[44]

44 In Einführungen in die Logik findet sich an dieser Stelle meist ein anderes Schlussprinzip, nämlich die Disjunktionseinführung »Aus ›p‹ folgt ›p oder q‹«, auf die wir hier verzichten. Denn in Argumentrekonstruktionen ist dieses Schlussprinzip praktisch immer durch die Alternativen-Fokussierung ersetzbar. Und außerdem würde die Kombination aus der Disjunktionseinführung und den bereits eingeführten Schlussprinzipien eine Reihe von sehr kontraintuitiven Schlüssen fälschlicherweise als gültig ausweisen (s. Ausblick).

Alternativen-Fokussierung (AF)

Form 1:

wenn (p oder q), dann r

——— AF ———

wenn p, dann r

Form 2:

Alles, was F oder G ist, ist H

——— AF ———

Alles, was F ist, ist H

Varianten:

(a) Die Reihenfolge der mit ›oder‹ verbundenen Teilaussagen im ›wenn‹-Teil ist beliebig (s. Ausschlussprinzip) wie auch bei den mit ›oder‹ verbundenen generellen Termini.

(b) Sind in Form 2 weitere generelle Termini Vorbedingungen in der Prämisse, dann auch in der Konklusion. Beispiel: Aus ›Für alle x gilt: wenn Ix, dann: wenn Fx oder Gx, dann Hx‹ folgt ›Für alle x gilt: Ix, dann: wenn Fx, dann ist Hx‹.

(c) In Form 2 können die generellen Termini auch mehrstellig sein.

Wir könnten also zum Beispiel das folgende gültige Argument formulieren:

Rekonstruktion 49

P1. Wenn die Sonne morgen nicht mehr existiert oder sich die Erde morgen zu drehen aufhört, dann geht die Sonne morgen nicht auf.

——— AF (P1) ———

Z. Wenn sich die Erde morgen zu drehen aufhört, dann geht die Sonne morgen nicht auf.

P2. Wenn ein kosmisches Wunder geschieht, dann hört die Erde morgen auf, sich zu drehen.

——— KS (Z, P2) ———

K. Wenn ein kosmisches Wunder geschieht, dann geht die Sonne morgen nicht auf.

Als weitere Illustration der Alternativen-Fokussierung, diesmal mit Allsätzen, beziehen wir uns auf ein weiteres deterministisches Beispiel.

Rekonstruktion 50

P1. Alle Metallkugeln, die stark magnetisch oder sehr klein sind, rollen auf den Magneten zu.

——— AF (P1) ———

Z. Alle Metallkugeln, die sehr klein sind, rollen auf den Magneten zu.

P2. Alle Metallkugeln, die rot sind, sind sehr klein.

——— GKS (Z, P2) ———

K. Alle Metallkugeln, die rot sind, rollen auf den Magneten zu.

Mit der Alternativen-Fokussierung haben wir nun ein Schlussprinzip kennengelernt, durch das man sich eine von zwei oder mehreren gleichermaßen hinreichenden Bedingungen sozusagen aussuchen kann, ehe man weitere Schlussprinzipien anwendet. Doch gibt es eigentlich auch Argumente, in denen man sich eine von zwei oder mehreren notwendigen Bedingungen in ähnlichem Sinne aussuchen kann, ehe man weitere Schlüsse zieht?

Diese Frage lässt sich auch inhaltlich aus den Betrachtungen zum Determinismus motivieren: Aus allgemeinen, deterministischen Prinzipien können wir stets Subjunktionen folgern, die besagen, dass bestimmte Aussagen über die Vergangenheit im ›wenn‹-Teil hinreichend für bestimmte andere Aussagen im ›dann‹-Teil sind. Doch unabhängig davon, wie der ›wenn‹-Teil beschaffen ist: Auch im ›dann‹-Teil können sich seinerseits sowohl Disjunktionen als auch Konjunktionen von Aussagen über die Gegenwart befinden.

Entscheidend ist jedoch, dass wir uns im Falle einer Disjunktion als notwendiger Bedingung keineswegs, analog zur Alternativen-Fokussierung, eine der beiden Bedingungen aussuchen und die andere unberücksichtigt lassen können. Aus »Alle Spielkarten sind rot oder schwarz« folgt natürlich keineswegs »Alle Spielkarten sind rot«. Anders sieht es jedoch im Fall einer Konjunktion als notwendiger Bedingung aus. Auch dies können wir uns an einem Beispiel klarmachen:

Rekonstruktion 51

P1. Alle Billardkugeln bestehen aus Phenolharz und wiegen 170 g.
——— ? (P1) ———
Z. Alle Billardkugeln bestehen aus Phenolharz.
P2. Alles, was aus Phenolharz besteht, ist sehr bruchfest.
——— GKS (Z, P2) ———
K. Alle Billardkugeln sind sehr bruchfest.

Um den offenkundig gültigen Schluss von P1 und P2 auf K vollziehen zu können, ist als Zwischenschritt der seinerseits offenkundig gültige Schluss von P1 auf Z erforderlich. Wenn alles, was F ist, auch die beiden Eigenschaften G und H hat, dann ist auch alles, was F ist, zugleich G. Wir haben es hier mit einer Konjunktion zweier genereller Termini im ›dann‹-Teil zu tun. Dementsprechend liegt diesem Schluss ein Verwandter des Konjunktionsprinzips zugrunde:

Generelles Konjunktionsprinzip (GK)

Form 1:

Alles, was F ist, ist G
Alles, was F ist, ist H
——— GK ———
Alles, was F ist, ist G und H

Form 2:

Alles, was F ist, ist G und H
——— GK ———
Alles, was F ist, ist G

Varianten:

(a) Die Reihenfolge der mit ›und‹ verbundenen generellen Termini im ›dann‹-Teil ist beliebig (s. Konjunktionsprinzip).
(b) Sind weitere generelle Termini Vorbedingungen in einer oder beiden Prämissen, dann auch in der Konklusion. Beispiel: Aus ›Für alle x gilt: wenn Ix, dann: wenn Fx, dann Gx‹ und ›Alles, was F ist, ist H‹ folgt ›Für alle x gilt: wenn Ix, dann: wenn Fx, dann Gx und Hx‹.
(c) Die generellen Termini können auch mehrstellig sein.

So wie die Alternativen-Fokussierung spielt das Generelle Konjunktionsprinzip meist dann eine Rolle, wenn durch seine Anwendung weitere Schlüsse vorbereitet und ermöglicht werden, etwa solche per Generellem Kettenschluss.

Aufgabe 1

Das Generelle Konjunktionsprinzip hat einen aussagenlogischen Verwandten, der sich jedoch auch mit den bereits behandelten Schlussprinzipien als gültig erweisen lässt. Weisen Sie dies nach, indem Sie die beiden folgenden Argumente rekonstruieren:

(a) »Wenn mir kalt ist, dann bin ich müde. Und wenn mir kalt ist, bin ich hungrig. Also: Wenn mir kalt ist, bin ich müde und hungrig.«
(b) »Wenn mir kalt ist, bin ich müde und hungrig. Also: Wenn mir kalt ist, bin ich müde.«

Aufgabe 2

Rekonstruieren Sie das folgende Argument:

»Wer unter 18 oder noch in Ausbildung ist, bekommt eine Ermäßigungskarte. Und wer eine Ermäßigungskarte bekommt, zahlt niedrigere Ticketpreise und kann am Wochenende sogar mit einer Begleitperson kostenlos fahren. Da Esra noch in Ausbildung ist, kann sie also am Wochenende sogar mit einer Begleitperson kostenlos fahren.«

4.4 Determinismus, Freiheit und Verantwortung

Wir haben ausführliche Überlegungen über den Determinismus und verschiedene Arten von Bedingungen und ihre Zusammenhänge angestellt. Doch wie hängt der Determinismus nun mit unserer Freiheit und Verantwortung zusammen? Diese Frage markiert den Kern der Debatte, die Nagel skizziert. Und der erste Kandidat einer Antwort ist natürlich pessimistisch. Nagel beschreibt die Konsequenzen des Determinismus unter anderem so:

> Sie können wahrscheinlich überhaupt niemanden mehr für schlechte Taten verantwortlich machen oder für gute Taten loben. Wenn es vorherbestimmt war, dass der andere dies tun würde, so war es unvermeidlich: er konnte unter den gegebenen Umständen nichts anderes getan haben. Wie kann man ihn dann noch zur Verantwortung ziehen?[45]

Aussagen über die Konsequenzen einer Auffassung lassen sich am besten in Form von Subjunktionen formulieren: »Wenn der Determinismus wahr ist, dann …« Und Nagels Passage beinhaltet tatsächlich ein Argument für eine solche These. Sie lässt sich aus der rhetorischen Frage am Ende der Passage erschließen. »Wenn der Determinismus wahr ist«, so die These, »dann ist niemand für die eigenen Handlungen verantwortlich.«

Wie wird diese These begründet? Zunächst wird vorausgesetzt, dass alle Handlungen vorherbestimmt sind, wenn der Determinismus tatsächlich wahr ist. Dann wird ganz allgemein unterstellt: Was vorherbestimmt ist, ist unvermeidlich. Und schließlich wird festgehalten, dass in einem solchen Fall, wenn tatsächlich alle Handlungen unvermeidlich sind, offenbar niemand für die eigenen Handlungen verantwortlich sein kann. Wir haben es also mit einem Argument zu tun, das mit der hypothetischen Annahme arbeitet, dass der Determinismus tatsächlich wahr ist, und in dem ein Genereller Kettenschluss vorkommt. Eine mögliche Rekonstruktion dieses Arguments sieht so aus:

45 Nagel 2012, S. 55 f.

Rekonstruktion 52

H. Der Determinismus ist wahr.
P1. Wenn der Determinismus wahr ist, dann sind alle Handlungen vorherbestimmt.
——— MP (H, P1) ———
Z1. Alle Handlungen sind vorherbestimmt. (angenommen H)
P2. Was vorherbestimmt ist, ist unvermeidlich.
——— GKS (Z1, P2) ———
Z2. Alle Handlungen sind unvermeidlich. (angenommen H)
P3. Wenn alle Handlungen unvermeidlich sind, dann ist niemand für die eigenen Handlungen verantwortlich.
——— MP (Z2, P3) ———
Z3. Niemand ist für die eigenen Handlungen verantwortlich. (angenommen H)
——— AE (Z3) ———
K. Wenn der Determinismus wahr ist, dann ist niemand für die eigenen Handlungen verantwortlich.

So weit eine erste Überlegung zu den Konsequenzen des Determinismus. Im Folgenden diskutiert Nagel eine Reihe weiterer Probleme, einschließlich der Möglichkeit, dass der Determinismus auch falsch sein könnte. Ob es in diesem Fall besser um Freiheit und Verantwortung bestellt wäre, ist jedoch für ihn gar nicht so klar. Später führt er aus:

> Bis jetzt sah es so aus, als bestünde die große Gefahr für die Verantwortlichkeit im Determinismus. Nun hat es den Anschein, dass es, selbst wenn unsere Entscheidungen nicht vorherbestimmt sind, immer noch nicht leicht verständlich ist, inwiefern wir tun *können*, was wir nicht tun. Vielleicht ist jede der beiden Entscheidungen ursprünglich *möglich*, aber wenn *ich* nicht festlege, welche von beiden sich ver-

> wirklicht, bin ich für sie ebenso wenig verantwortlich, wie wenn sie durch Ursachen außerhalb meiner Kontrolle vorherbestimmt war. Und wie kann *ich* festlegen, was durch *nichts* festgelegt war?
>
> Somit ergibt sich die beängstigende Möglichkeit, dass wir für unsere Handlungen nicht verantwortlich sind, ob der Determinismus nun wahr ist *oder* ob er falsch ist. Wenn der Determinismus wahr ist, dann sind die vorangegangenen Umstände verantwortlich. Wenn der Determinismus falsch ist, so ist nichts verantwortlich. Wir wären wirklich in eine Sackgasse geraten.[46]

Im ersten Teil dieser Passage skizziert Nagel, inwiefern die Falschheit des Determinismus seinerseits eine Gefahr für unsere Verantwortlichkeit darstellen könnte. Und im zweiten Teil führt er die beiden Gedankengänge zu einem komplexeren Argument zusammen, das auf eine vielleicht ›beängstigende‹, vermutlich vor allem aber überraschende These hinausläuft: Völlig unabhängig davon, ob der Determinismus nun wahr ist oder ob er falsch ist: Wir sind für unsere Handlungen nicht verantwortlich.

Wie genau ist dieses Argument zu verstehen? Die Konklusion scheint klar, ebenso die beiden Prämissen, die Nagel im vor- und im drittletzten Satz bereits so gut wie vollständig formuliert. Nämlich:

P1. Wenn der Determinismus wahr ist, dann sind die vorangegangenen Umstände für unsere Handlungen verantwortlich.
P2. Wenn der Determinismus falsch ist, dann ist nichts für unsere Handlungen verantwortlich.
K. Wir sind für unsere Handlungen nicht verantwortlich.

46 Nagel 2012, S. 58 f.

Spätestens jetzt kann leicht der Eindruck entstehen, dass hier irgendetwas nicht stimmt. Ist es zum Beispiel nicht schräg, Umstände ›verantwortlich‹ zu nennen, wenn eigentlich gemeint ist, dass sie etwas determinieren? Auf diesen Punkt werden wir in 4.5 näher eingehen. Im Folgenden soll es zunächst nur darum gehen, die Struktur des Arguments genauer zu verstehen.

Und in der Tat erschließt sich im Lichte der bereits betrachteten Passagen leicht, wie der Weg von P1 und P2 zu K in etwa aussehen muss: Unabhängig davon, ob nun die Umstände oder ob nichts für unsere Handlungen verantwortlich ist: Entscheidend ist, dass wir so oder so nicht mehr für sie verantwortlich sind. Beide notwendigen Bedingungen in den Prämissen P1 und P2 sind also ihrerseits hinreichend für die Aussage, die am Ende in der Konklusion genannt wird. Doch darüber hinaus wissen wir, dass es nur diese beiden Möglichkeiten gibt: Der Determinismus ist entweder wahr oder er ist falsch. Gegeben dieses Wissen um begrenzte Möglichkeiten, und gegeben die Tatsache, dass beide Möglichkeiten zu derselben Konsequenz führen, lässt sich also bereits sicher schließen, dass die betreffende Konsequenz der Fall ist – unabhängig davon, ob auf die eine oder die andere Weise.

Ein Argument dieser Form nennt man einen Dilemmaschluss. Dies geschieht nicht deswegen, weil es an dieser Stelle um ein Dilemma im Sinne von einer höchst problematischen, unlösbaren Situation geht, sondern allein deswegen, weil zwei Möglichkeiten unausweichlich dieselbe Konsequenz haben. Wir können das entsprechende Schlussprinzip folgendermaßen bestimmen:

Dilemmaschluss (D)

p oder q
wenn p, dann r
wenn q, dann r
——— D ———
r

Varianten:

(a) Die Reihenfolge der mit ›oder‹ verbundenen Teilaussagen ist beliebig (s. Ausschlussprinzip).

(b) Wenn die genannte Disjunktion mehr als zwei Disjunkte miteinander verknüpft, dann bleibt der Schluss gültig, sofern auch passende weitere Subjunktionen als Prämissen zur Verfügung stehen.

Dass ein Dilemmaschluss gültig ist, lässt sich erneut anhand der verwendeten Begriffe leicht erkennen: Wenn ›p‹ und ›q‹ tatsächlich beide hinreichende Bedingungen für ›r‹ sind (die zweite und dritte Aussage), gleichzeitig aber keine anderen Alternativen als ›p‹ und ›q‹ vorliegen (die Disjunktionsaussage), dann muss ›r‹ seinerseits auch wahr sein. Mithilfe dieses Schlussprinzips können wir nun auch das betreffende Argument vollständig rekonstruieren:

Rekonstruktion 53

P1. Wenn der Determinismus wahr ist, dann sind die vorangegangenen Umstände für unsere Handlungen verantwortlich.

P2. Wenn der Determinismus falsch ist, dann ist nichts für unsere Handlungen verantwortlich.

P3. Wenn die vorangegangenen Umstände für unsere Handlungen

verantwortlich sind, dann sind wir nicht für unsere Handlungen verantwortlich.

——— KS (P1, P3) ———

Z1. Wenn der Determinismus wahr ist, dann sind wir nicht für unsere Handlungen verantwortlich.

P4. Wenn nichts für unsere Handlungen verantwortlich ist, dann sind wir nicht für unsere Handlungen verantwortlich.

——— KS (P2, P4) ———

Z2. Wenn der Determinismus falsch ist, dann sind wir nicht für unsere Handlungen verantwortlich.

P5. Entweder ist der Determinismus wahr oder der Determinismus ist falsch.

——— D (Z1, Z2, P5) ———

K. Wir sind für unsere Handlungen nicht verantwortlich.

An dieser Stelle könnte man sich fragen, warum P5 eigentlich überhaupt erforderlich sein soll. Vermutlich haben wir es hier ja mit einer begrifflich wahren Aussage der Form ›p oder nicht p‹ zu tun. Doch verlieren wir bei der Rekonstruktion nichts, wenn wir diese Aussage der Vollständigkeit halber ebenfalls mit aufnehmen. Wie unwahrscheinlich auch immer das in diesem Fall sein mag: Die Disjunktion in einem Dilemmaschluss ist schließlich eine der entscheidenden Prämissen, die in der Diskussion oft angegriffen wird, insbesondere als eine Falsche Alternative.

Wo wir bereits bei Argumentationsfehlern im Kontext von Disjunktionen sind: Würde sich der Dilemmaschluss verändern, wenn statt einer Disjunktion eine Kontravalenz als Prämisse vorkäme? Natürlich nicht: Entscheidend ist, dass beide Alternativen für dasselbe hinreichend sind, und dass es keine weiteren Alternativen gibt, bei denen das nicht der Fall ist. Ob die Alternativen auch gleichzeitig wahr sein können – so dass man sogar mehrgleisig zur Konklusion kommen könnte – oder ob sie einander ausschließen, spielt hier keine Rolle: Eingleisig genügt.

Aufgabe

Rekonstruieren Sie das folgende Argument:

»Die Ergebnisse der Wahl laufen so oder so auf eine Verstärkung der Politikverdrossenheit hinaus. Warum? Das ist einfach. Entweder bilden die Parteien eine stabile Koalition oder sie tun es nicht. Wenn ja, brechen sie jedoch ihre Wahlversprechen in eklatanter Weise. Und wenn sie das tun, dann führt das natürlich auch zu stärkerer Politikverdrossenheit. Doch wenn keine stabile Koalition zustande kommt, sieht es auch nicht besser aus. Denn wozu soll das bitte führen, wenn nicht zu einer Verstärkung der Politikverdrossenheit?«

4.5 Verneinte Allsätze und Falsche Alternativen

Wir haben nun einige von Nagels Überlegungen zum Determinismus und an diesem Beispiel mit dem Dilemmaschluss ein neues Schlussprinzip diskutiert. Im folgenden Abschnitt werden wir dies wieder aufgreifen und vertiefen.

Beginnen wir dazu mit einem Rückblick auf die gerade betrachtete Passage und auf eine der Prämissen des rekonstruierten Arguments:

P2. Wenn der Determinismus falsch ist, dann ist nichts für unsere Handlungen verantwortlich.

Wie bereits angemerkt, ist die Verwendung des Begriffes ›verantwortlich‹ hier ein wenig irreführend. Eigentlich geht es ja um die Frage, ob Handlungen determiniert sind oder nicht.

Welche Auswirkungen die Antwort darauf dann für die Frage der Verantwortlichkeit hat, steht auf einem anderen Blatt. Problematisch ist hier auch noch etwas anderes: Die Aussage im ›dann‹-Teil der Subjunktion »nichts ist für unsere Handlungen verantwortlich« lässt sich als Allsatz verstehen. Wir können diesen präziser reformulieren – und dabei die genannte begriffliche Korrektur direkt vornehmen. Dann lautet er:

(1) Alle Handlungen sind nicht determiniert. (Für alle x gilt: Wenn x eine Handlung ist, dann ist x nicht determiniert.)

Dies wirft jedoch kein besonders gutes Licht auf die Plausibilität von P2. Denn eine kurze Definition des Determinismus lautet ja:

(2) Alle Handlungen sind determiniert. (Für alle x gilt: Wenn x eine Handlung ist, dann ist x determiniert.)

Doch wenn der Determinismus verneint wird, dann besteht die Verneinung dieses Allsatzes (2) eben nicht in Aussage (1), so wie P2 zu behaupten scheint, sondern vielmehr in Aussage (3).

(3) Nicht alle Handlungen sind determiniert. (Es gilt nicht für alle x: Wenn x eine Handlung ist, dann ist x determiniert.)

Ein Beispiel: Den Allsatz »Alle Schwäne sind weiß« zu verneinen, bedeutet keineswegs »Alle Schwäne sind nicht weiß«, sondern nur: »Nicht alle Schwäne sind weiß«. In 4.6 werden wir auf diesen Punkt nochmals genauer zurückkommen.

Damit haben wir aber gezeigt, dass das Argument in Rekonstruktion 53 (S. 170 f.) in Wahrheit doch einen argumentativen Fehler begeht. Man könnte ihn als eine versteckte Falsche Alternative umschreiben. Zwar ist die Fallunterscheidung

»Der Determinismus ist wahr oder er ist falsch« durchaus vollständig. Doch steckt ein Fehler in den Prämissen, die auf die Fallunterscheidung schließen lassen, dass Handlungen entweder alle determiniert oder alle nicht determiniert sind, aber keine weitere Möglichkeit besteht. Man müsste hier jedoch noch genauer und vielfältiger unterscheiden: Handlungen sind entweder (a) vollständig determiniert sind oder (b) gar nicht determiniert oder (c) sie fallen in eine dritte Kategorie von Handlungen, die zum Teil, aber nicht vollständig determiniert sind – verkürzt: sie sind teildeterminiert. Diese eigentlich offensichtlich bestehende Möglichkeit wird zumindest an dieser Stelle übersehen.

Doch lässt sich das Argument nicht wohlwollender interpretieren und am Ende doch plausibel machen? Da Nagel die problematische Prämisse P2 klar und explizit im Text formuliert, müssen wir an dieser Stelle ehrlicherweise zugeben, dass wir uns dann nicht mehr mit demselben Argument beschäftigen, sondern allenfalls noch mit einer eng verwandten Überlegung. Doch mag dieser Versuch nicht weniger interessant und lohnend sein. Vermutlich ist genau dies sogar ein wesentlicher Motor für die konstruktive Weiterentwicklung von philosophischen und anderen Debatten. Jemand denkt: »Das ist ein tolles Argument. Zwar gelingt es am Ende des Tages nicht ganz. Aber vielleicht kann man das Argument ja abwandeln und verbessern?« Versuchen wir etwas Ähnliches also auch hier!

Ein erster Schritt auf diesem Weg besteht darin, nicht mehr mit der Disjunktion zu beginnen, dass der Determinismus wahr oder falsch ist, sondern direkt einen passenden Allsatz als erste Prämisse und auch als Konklusion zu wählen:

P1. Alle Handlungen sind entweder vollständig determiniert oder gar nicht determiniert oder teildeterminiert.
K. Alle Handlungen sind nicht frei.

Schon hier kristallisiert sich heraus, dass wir mit dem Dilemmaschluss nicht weiterkommen werden. Die Form des Arguments, die sich nun abzeichnet, scheint einem Dilemmaschluss aber eng verwandt zu sein. Dieser Schluss umfasst ja rein aussagenlogische Aussageformen, nämlich eine Disjunktion sowie zwei einfache Subjunktionen, die für dieselbe Aussage hinreichend sind. Um hier nun mit P1 auf K schließen zu können, müssen wir prüfen, wie sich eine solche Struktur in die Prädikatenlogik übertragen lässt: Statt einfachen Subjunktionen, die für dieselbe Aussage hinreichend sind, benötigen wir generelle Subjunktionen mit demselben generellen Terminus als notwendige Bedingung. Und statt einer Disjunktion als Prämisse benötigen wir einen anderen Allsatz, in dem die notwendige Bedingung in einer Disjunktion mehrerer genereller Termini besteht.

Das entsprechende Schlussprinzip können wir also wie folgt bestimmen:

Genereller Dilemmaschluss (GD)

Alles, was F ist, ist G oder H
Alles, was G ist, ist I
Alles, was H ist, ist I
——— GD ———
Alles, was F ist, ist I

Varianten:

(a) Die Reihenfolge der mit ›oder‹ verbundenen generellen Termini im ›dann‹-Teil eines Allsatzes ist beliebig (s. Ausschlussprinzip).
(b) Wenn der zuerst genannte Allsatz im ›dann‹-Teil mehr als zwei Disjunkte miteinander verknüpft, bleibt der Schluss gültig, sofern auch passende weitere generelle Subjunktionen als Prämissen zur Verfügung stehen.
(c) Sind weitere generelle Termini Vorbedingungen in einer oder

mehreren Prämissen, dann gilt das auch für die Konklusion. Beispiel: Aus ›Alles, was F ist, ist G oder H‹, ›Alles, was G ist, ist I‹ und ›Für alle x gilt: wenn Jx, dann: wenn Hx, dann Ix‹ folgt ›Für alle x gilt: wenn Jx, dann: wenn Fx, dann Ix‹.

(d) Die generellen Termini können auch mehrstellig sein.

Wie schon beim Dilemmaschluss dürfte auch hier schnell klar werden, dass wir es mit einem begrifflich wahren und demnach gültigen Schlussprinzip zu tun haben. Wenn für alles, was F ist, in der Tat nur zwei Alternativen bestehen, und beide darauf hinauslaufen, dass auch der generelle Terminus I zutrifft, dann folgt notwendigerweise, dass alles, was F ist, auch I ist. Erneut sind dafür allein die Bedeutungen der Begriffe der Alternative und der hinreichenden Bedingung, hier ergänzt um die Bedeutung des Allquantors, erforderlich. Und genau wie beim Dilemmaschluss würde sich auch hier nichts an der Gültigkeit des Schlusses ändern, wenn das ›oder‹ ein ausschließendes ›oder‹ wäre.

Ein solcher Genereller Dilemmaschluss muss also diesem neuen Argument zugrunde liegen. Wir können unser Argument also neben P1 erst einmal provisorisch um drei weitere Prämissen ergänzen und wie folgt darstellen:

Rekonstruktion 54

P1. Alle Handlungen sind entweder vollständig determiniert oder gar nicht determiniert oder teildeterminiert.
P2. Alles, was vollständig determiniert ist, ist nicht frei.
P3. Alles, was gar nicht determiniert ist, ist nicht frei.
P4. Alles, was teildeterminiert ist, ist nicht frei.
——— GD (P1, P2, P3, P4) ———
K. Alle Handlungen sind nicht frei.

Wenn die Fallunterscheidung in P1 vollständig ist, dann ist nun natürlich die Frage entscheidend, wie plausibel die drei zusätzlichen Prämissen P2 bis P4 sind. P2 und P3 entsprechen ziemlich genau ihren Verwandten in Rekonstruktion 53. Und für diese Aussagen liefert Nagel in seinen Ausführungen ja auch weitere Gründe, die wir an dieser Stelle weiter prüfen können.

Doch wie steht es um P4? Lassen sich die Gründe, die bei P2 und P3 zeigen sollen, dass sowohl das vollständig als auch das gar nicht Determinierte nicht frei ist, ihrerseits so fassen, dass sie einander ergänzen und auch das Teildeterminierte betreffen? Oder liegt genau hier der Ort der Freiheit, also in denjenigen Handlungen, die weder vollständig festgelegt noch vollständig zufällig sind? Anders gefragt: Erfordert Freiheit so etwas wie ein passendes Maß oder eine bestimmte Form der Unterbestimmtheit?

Wir können diese Fragen an dieser Stelle natürlich nicht beantworten. Entscheidend ist vielmehr, dass wir durch die genaue logische Analyse des Arguments von Nagel darauf gekommen sind, sie überhaupt aufzuwerfen. Implizite Voraussetzungen und unbeachtete Optionen sichtbar zu machen, gehört zu den wichtigsten Dingen, die die logische Argumentanalyse zu einer konstruktiven Diskussion beitragen kann.

Aufgabe

Rekonstruieren Sie das folgende Argument:

»Ich beschäftige mich grundsätzlich nicht mit schlechten Theorien. Denn schlechte Theorien sind ja immer entweder unverständlich oder trivial. Mit Unverständlichem beschäftige ich mich natürlich ohnehin nicht. Was aber trivial ist, ist weder für mich noch für andere interessant. Und auch mit so etwas beschäftige ich mich nicht.«

4.6 Existenzsätze und Gegenbeispiele

Kurz vor der eben untersuchten Passage führt Nagel aus:

> Dies sind die Probleme, denen wir ins Auge sehen müssen, wenn der Determinismus wahr ist. Aber vielleicht ist er gar nicht wahr. Viele Wissenschaftler glauben heute, dass er für die Grundbestandteile der Materie nicht gilt – dass ein Elektron sich in einer bestimmten Situation auf mehr als bloß eine Weise verhalten kann. Falls der Determinismus ebenso wenig für menschliche Handlungen gilt, gibt es vielleicht doch einen Platz für Willensfreiheit und Verantwortlichkeit. Was wäre, wenn menschliche Handlungen, oder zumindest einige menschliche Handlungen, nicht vorherbestimmt sind?[47]

Diese Passage ist nun für uns aus zwei Gründen besonders interessant. Einerseits enthält sie zumindest die Skizze eines Arguments, das begründet, dass der Determinismus falsch ist, und das wir uns später genauer ansehen werden. Andererseits zeigt sie, dass Nagel zumindest an dieser Stelle sehr klar sieht, dass die Falschheit des Determinismus nicht zwingend bedeutet, dass *alle* menschlichen Handlungen *nicht* vorherbestimmt sind. Wenn es nicht der Fall ist, dass alle Handlungen vorherbestimmt sind, dann folgt vielmehr, dass es zumindest einige Handlungen geben muss, die nicht vorherbestimmt sind. Noch genauer: Es gibt dann mindestens eine (und vielleicht sogar mehr) Handlungen, die nicht vorherbestimmt sind.

Bei diesem Schluss haben wir es mit einem allgemeinen logisch-begrifflichen Zusammenhang zu tun, der Verneinungen und Allsätze betrifft, aber zusätzlich auch noch mit einer weiteren wichtigen Aussageform:

47 Nagel 2012, S. 57.

Ein **Existenzsatz** ist eine Aussage, die besagt, dass es etwas gibt, auf das etwas Bestimmtes zutrifft – wobei nicht gesagt wird, um was es sich handelt. Existenzsätze können sprachlich ganz unterschiedlich formuliert sein, doch lassen sie sich stets so reformulieren, dass sie mit dem Begriff ›es gibt etwas, das‹ beginnen, dem sogenannten **Existenzquantor**. Je komplexer der Existenzsatz ist, desto besser ist es, seine interne Struktur durch Existenzquantoren und Variablen präziser zu fassen. Zum Beispiel:

- allgemeine Form von Existenzsätzen: ›Es gibt etwas, das …‹
  mit Variable: ›Es gibt mindestens ein x, so dass … x …‹
- Beispiel: »Es gibt schwarze Schwäne.«
  umgangssprachlich auch z. B. »Manche Schwäne sind schwarz.«, »Einige Schwäne sind schwarz.«
  mit Variable: »Es gibt mindestens ein x, so dass x schwarz ist und x ein Schwan ist.«
  schematisch: ›Es gibt etwas, das F und G ist.‹
  schematisch mit Variable: ›Es gibt mindestens ein x, so dass x F und x G ist.‹
- komplexeres Beispiel: »Es gibt ein Oberhaupt aller Kirchenmitglieder.«
  mit Variablen: »Es gibt mindestens ein x, so dass für alle y gilt: Wenn y Mitglied der Kirche ist, dann ist x das Oberhaupt von y.«

Wir haben es bei dem gerade betrachteten Beispiel also mit einem Schluss zu tun, der aus einem verneinten Allsatz einen Existenzsatz folgert:

P. Es ist nicht der Fall, dass alle Handlungen vorherbestimmt sind.

———

K. Es gibt Handlungen, die nicht vorbestimmt sind.

Und es lässt sich leicht einsehen, dass dieser Schluss allein auf der Bedeutung der einschlägigen in ihm verwendeten Begriffe beruht und dementsprechend gültig ist: Was nicht für alle gilt, gilt eben für mindestens ein Beispiel nicht. Anders gesagt: Wenn etwas nicht in allen Fällen gilt, dann muss es mindestens ein Gegenbeispiel geben. Und das gilt auch andersherum: Wenn es ein Gegenbeispiel gibt, dann kann auch der betreffende Allsatz nicht wahr sein.

Dieser Zusammenhang lässt sich noch weiter ausbauen: Nicht nur ist ein Allsatz genau dann *falsch*, wenn es ein Gegenbeispiel *gibt*. Er ist auch genau dann *wahr*, wenn es *kein* Gegenbeispiel gibt. In dieser Tatsache liegt ja der Kern der Bedeutung des Allquantors: dass es eben keine Ausnahmen gibt. Man kann also auch folgendermaßen schließen, und auch hier in beide Richtungen:

P. Alle Handlungen sind vorherbestimmt.

———

K. Es gibt keine Handlungen, die nicht vorbestimmt sind.

Das Prinzip, das diesen Schlüssen zugrunde liegt, ist ein allgemeiner logisch-begrifflicher Zusammenhang zwischen Allsätzen und Existenzsätzen, der vor allem auf den Bedeutungen des Allquantors, des Existenzquantors und der Verneinung beruht. Man spricht hier auch davon, dass die Quantoren sich wechselseitig bestimmen oder dass sie eine Dualität aufweisen. Daher stammt der Name des Schlussprinzips:

Quantorendualität (Q)

Formen 1–2:

Nicht alles, was F ist, ist G

——— Q ———

Es gibt etwas, das F und nicht G ist

——— Q ———

Nicht alles, was F ist, ist G

Formen 3–4:

Alles, was F ist, ist G

——— Q ———

Es gibt nichts (nicht etwas), das F und nicht G ist

——— Q ———

Alles, was F ist, ist G

Varianten:

(a) Die Reihenfolge der mit ›und‹ verbundenen generellen Termini im Existenzsatz ist beliebig (s. Konjunktionsprinzip).

(b) Die Form der Widersprüche ist beliebig. Entscheidend ist einzig, dass der generelle Terminus in der notwendigen Bedingung der (ggf. verneinten) generellen Subjunktion und der betreffende generelle Terminus in dem Existenzsatz nicht gleichzeitig auf dasselbe zutreffen können: Aus ›Nicht alles, was F ist, ist nicht G‹ folgt ›Es gibt etwas, das F ist und G‹ und umgekehrt. Und aus ›Alles, was F ist, ist nicht G‹ folgt ›Es gibt nicht etwas, das F und G ist‹ und umgekehrt.

(c) Ist ein weiterer genereller Terminus eine Vorbedingung in der (ggf. verneinten) generellen Subjunktion, dann auch als weiteres Konjunkt im (ggf. verneinten) Existenzsatz und umgekehrt: Aus ›Nicht für alle x gilt: wenn Hx, dann: wenn Fx, dann Gx‹ folgt ›Es gibt etwas, das H und F ist und nicht G‹ und umgekehrt. Und aus ›Für alle x gilt: wenn Hx, dann: wenn Fx, dann Gx‹ folgt ›Es gibt nicht etwas, das H und F ist und nicht G‹ und umgekehrt.

(d) Die generellen Termini können auch mehrstellig sein.

Wie bei den anderen prädikatenlogischen Schlussprinzipien lohnt es auch hier, möglichst einfache Beispiele aus dem Bereich hierarchischer Klassifizierungen heranzuziehen: »Alle Menschen sind Säugetiere. Also: Es gibt keine Menschen, die nicht Säugetiere sind. Und umgekehrt.« Oder: »Es ist nicht der Fall, dass alle Säugetiere Menschen sind. Also: Es gibt Säugetiere, die nicht Menschen sind. Und umgekehrt.«

Damit ist nun klar, was man tun kann, um zu begründen, dass der Determinismus falsch ist – dass es also nicht der Fall ist, dass alle Handlungen vorherbestimmt sind: Sobald feststeht, dass es Handlungen gibt, die nicht vorherbestimmt sind, kann man per Quantorendualität schließen. Doch wie begründet man das wiederum?

Eine erste Möglichkeit, die auf der Hand liegt, würde darin bestehen, einfach ein konkretes Beispiel einer Handlung zu nennen und zu behaupten, dass diese Handlung in der Tat nicht vorherbestimmt war. Nehmen wir als Beispiel die berühmte Weigerung des Sowjetischen Marineoffiziers Wassili Archipow, während der Kubakrise im Oktober 1962 Atomwaffen einzusetzen. Dann könnten wir folgendermaßen schließen:

Rekonstruktion 55

P. Archipows Weigerung, Atomwaffen einzusetzen, war eine Handlung, die nicht vorherbestimmt war.

——— EB (P) ———

Z. Es gibt Handlungen, die nicht vorherbestimmt sind.

——— Q (Z) ———

K. Es ist nicht der Fall, dass alle Handlungen vorherbestimmt sind.

Das hier verwendete Schlussprinzip Existenzbeleg (EB) ist offenkundig gültig. Wenn etwas für einen bestimmten Gegenstand zutrifft, dann gibt es auch etwas, auf das es zutrifft:

Existenzbeleg (EB)

Auf a trifft … zu

——— EB ———

Es gibt etwas, das … ist

Dieses Schema umfasst unter anderem das folgende spezifischere und häufig anzutreffende Schema:

Auf a treffen F und G zu

——— EB ———

Es gibt etwas, das F und G ist

Doch werden Existenzsätze nicht immer auf diese Weise begründet. Oft sind schließlich gar keine konkreten Beispiele auszumachen, sondern nur die Tatsache, dass es überhaupt welche gibt – welche auch immer es sein mögen. Oft lassen also andere Existenzsätze gemeinsam mit weiteren Prämissen auf einen Existenzsatz schließen, so auch in der eingangs zitierten Passage, denn dort heißt es:

> Viele Wissenschaftler glauben heute, dass [der Determinismus] für die Grundbestandteile der Materie nicht gilt – dass ein Elektron sich in einer bestimmten Situation auf mehr als bloß eine Weise verhalten kann. Falls der Determinismus ebenso wenig für menschliche Handlungen gilt, gibt es vielleicht doch einen Platz für Willensfreiheit und Verantwortlichkeit.[48]

Hier erhebt Nagel offensichtlich nicht den Anspruch, begründen zu können, dass nicht alle *Handlungen* vorherbestimmt sind. Dennoch skizziert er ein Argument für die Konklusion,

48 Nagel 2012, S. 57.

dass nicht alle *Ereignisse* vorherbestimmt sind. Nun werden zwar alle Handlungen üblicherweise als Ereignisse aufgefasst, doch sind natürlich nicht alle Ereignisse Handlungen. Daher können wir nun nicht sicher darauf schließen, dass dasselbe auch für alle Handlungen gilt. Doch könnte man »vielleicht«, so Nagels Wortwahl, auch dort eine ähnliche Überlegung anstellen. Zunächst gilt es aber, das von Nagel skizzierte Argument noch einmal genauer zu untersuchen.

Es beginnt mit der Prämisse, dass es Fälle von Elektronen-Verhalten gibt, die nicht vorherbestimmt sind. Wie lässt sich auf dieser Grundlage begründen, dass es Ereignisse gibt, die nicht vorherbestimmt sind? Hier scheint eine naheliegende implizite Prämisse im Spiel zu sein, dass es sich nämlich bei Elektronen-Verhalten seinerseits immer um Ereignisse handelt. Und damit wären wir bei der folgenden Rekonstruktion angelangt:

Rekonstruktion 56

P1. Es gibt Elektronen-Verhalten, das nicht vorherbestimmt ist.
P2. Jedes Elektronen-Verhalten ist ein Ereignis.
——— PKS (P1, P2) ———
Z. Es gibt Ereignisse, die nicht vorherbestimmt sind.
——— Q (Z) ———
K. Es ist nicht der Fall, dass alle Ereignisse vorherbestimmt sind.

Wie ist der mit ›PKS‹ abgekürzte Schluss zu verstehen? Ähnlich einem Generellen Kettenschluss werden auch hier drei generelle Termini miteinander verknüpft: »ist Elektronen-Verhalten«, »ist nicht vorbestimmt« und »ist ein Ereignis«. Im Unterschied zum Generellen Kettenschluss haben wir es aber nicht mit drei, sondern nur mit einer generellen Subjunktionen zu tun. Die andere Prämisse und die Konklusion sind Existenzsätze. Ähnlich wie man Allsätze auch als ›generelle‹ Aussagen bezeichnet, werden Existenzsätze auch ›partikulare‹ Aussagen genannt. Daher bietet es sich an, das Schlussprinzip – ähnlich dem Generellen – einen Partikularen Kettenschluss zu nennen und es wie folgt festzuhalten:

Partikularer Kettenschluss (PKS)

Es gibt etwas, das F und G ist
Alles, was F ist, ist H
——— PKS ———
Es gibt etwas, das H und G ist

Varianten:

(a) Die Reihenfolge der mit ›und‹ verbundenen generellen Termini in den Existenzsätzen ist beliebig (s. Konjunktionsprinzip).

(b) Ist ein weiterer genereller Terminus eine Vorbedingung in einer oder beiden Prämissen – also in der generellen Subjunktion oder als weiteres Konjunkt im Existenzsatz –, dann auch in der Konklusion. Beispiel: Aus ›es gibt etwas, das F und G ist‹ und ›für alle x gilt: wenn Ix, dann gilt: wenn Fx, dann Hx‹ folgt ›es gibt etwas, das I und H und G ist‹.

(c) Die generellen Termini können auch mehrstellig sein.

Auch an dieser Stelle ist es hilfreich, weitere eingängige Beispiele heranzuziehen: »Manche Fahrräder sind einklappbar. Alle Fahrräder sind Fahrzeuge. Also: Manche Fahrzeuge sind einklappbar.«

Partikulare Kettenschlüsse sind ähnlich weit verbreitet wie die bisher behandelten prädikatenlogischen Schlussprinzipien und werden oft auch mit diesen kombiniert. Hier haben wir nun eine dieser häufigen Kombinationsmöglichkeiten kennengelernt. Das erlaubt uns abschließend, nochmals einen neuen

Blick auf die von Nagel aufgeworfene Frage zu werfen, ob es nicht eine Widerlegung des Determinismus im Bereich menschlicher Handlungen geben könnte, die analog zu dem gerade behandelten Argument in Rekonstruktion 56 verfährt. Denn nun sind wir in der Lage, genau zu benennen, welche Struktur ein solches Argument haben müsste:

Rekonstruktion 57

P1. Es gibt Handlungen, die F sind.
P2. Alles, was F ist, ist nicht vorherbestimmt.
——— PKS (P1, P2) ———
Z. Es gibt Handlungen, die nicht vorherbestimmt sind.
——— Q (Z) ———
K. Es ist nicht der Fall, dass alle Handlungen vorherbestimmt sind.

Es zeigt sich also: Wer in dieser Form den Determinismus widerlegen möchte, muss eine bestimmte Eigenschaft aufzeigen können, die (P1) unter zumindest manchen Handlungen tatsächlich vorkommt und die (P2) dazu führt, dass diese nicht vorherbestimmt sind. Eignet sich dafür die bereits diskutierte Eigenschaft, teildeterminiert zu sein oder in einem bestimmten Maß oder einer bestimmten Form determiniert zu sein? Wie genau müsste man diese These verstehen und ausbuchstabieren? In der Sache gibt es hier noch viel zu tun. Doch immerhin haben wir dafür nun einen gut bestückten Werkzeugkasten zur Hand.

Aufgabe 1

Rekonstruieren Sie das folgende Argument:

»Gerechte Kriege? Natürlich gibt es keine gerechten Kriege! In jedem Krieg werden Menschen verletzt und getötet. Und es gibt nichts Gerechtes, in dem Menschen verletzt und getötet werden.«

Aufgabe 2

Rekonstruieren Sie das folgende Argument:

»Gerechte Kriege? Natürlich sind Kriege im Normalfall immer falsch, aber zumindest manche Einsätze sind doch durchaus gerecht: Zum Beispiel gibt es ja Kriegseinsätze, die dem Schutz von Menschenrechten dienen. Und was dem Schutz von Menschenrechten dient, ist natürlich auch gerecht.«

Ausblick

Wir sind an das Ende dieser kurzen Einführung in die logische Argumentanalyse gelangt. Wagen wir zum Abschluss noch einen kleinen Ausblick darauf, wie es nun weitergehen kann. Zu diesem Zweck sollen fünf Bereiche benannt werden, in denen sich das hier Erarbeitete erweitern lässt, inklusive Lektürevorschlägen, die besonders gut an dieses Buch anschließen.

(1) Für Kompetenzen in der logischen Argumentanalyse gilt das, was für alle Kompetenzen gilt: Man muss üben und weitermachen. Gut geeignetes Anschauungsmaterial zur Rekonstruktion und Analyse bieten die hier noch nicht behandelten Passagen und Kapitel aus Nagels *Was bedeutet das alles?*, aber auch viele weitere Texte und Kommentare. Eine ausgezeichnete fortgeschrittene Einführung in die Argumentanalyse bietet Betz (2020), der bewusst grundlegende Kenntnisse wie die hier vermittelten voraussetzt und diese Grundkenntnisse anhand zahlreicher praktischer Beispiele ausbaut. Unter den vielen weiteren Einführungstexten sind Tetens (2006), Pfister (2013) und Kapitel 8 in Brun/Hirsch Hadorn (2014) besonders hervorzuheben.

(2) Kompetenzen in der logischen Argumentanalyse sollten jedoch nicht nur vertieft, sondern auch um komplementäre Kompetenzen ergänzt und mit diesen verzahnt werden. Im Bereich des Argumentierens betrifft das besonders zwei Bereiche, nämlich zum einen weitere sprachlich-hermeneutische Kompetenzen im Verstehen von Texten und Diskussionen sowie zum anderen kreativere Kompetenzen im eigenständigen schriftlichen und mündlichen Argumentieren. Für den Einstieg in ein Philosophie-Studium sind hier Rosenberg (1986) und Pfister (2013) besonders empfehlenswert.

(3) In dieser Einführung haben wir nur gültige Argumente und einige Fehlschlüsse behandelt. Bei der Interpretation von

Argumenten spricht viel dafür, Argumente so weit wie möglich und plausibel als gültig zu rekonstruieren (s. 1.5). Doch erheben nicht alle Argumente den Anspruch zu zeigen, dass die Konklusion mit logischer Notwendigkeit wahr sein muss, falls es die Prämissen sind. Stattdessen kann es auch auf andere Weise vernünftig sein, die Konklusion zu akzeptieren, sofern man die Prämissen akzeptiert, etwa dann, wenn die Prämissen es sehr plausibel oder sehr wahrscheinlich machen, dass die Konklusion wahr ist. Auch solche Argumente weisen eine hohe, wenn auch eine geringere Begründungsstärke als die deduktiv gültigen Argumente auf.

In Abgrenzung zu diesen Argumenten kann man solche Argumente als ›nicht-deduktiv starke Argumente‹ bezeichnen. Auf diese Weise soll ausgedrückt werden, dass es sich um Argumente handelt, die trotz ihres nicht-deduktiven Charakters starke, gute Begründungen liefern. So können die sogenannten induktiven Argumente in bestimmten Fällen nicht-deduktiv stark sein, etwa Verallgemeinerungsschlüsse, die von konkreten Beispielen ausgehen und auf Allsätze schließen. Was es mit solchen und anderen nicht-deduktiven Argumentformen auf sich hat, erläutern Salmon (1983), Tetens (2006) und Pfister (2020) besonders gut. Dabei geht Tetens auch ausführlich auf besondere Argumentationsformen in der Philosophie ein und Pfister auf die psychologischen Grundlagen und Fallstricke des Schlussfolgerns.

(4) Wir haben in diesem Buch zwar eine Reihe gültiger Schlussprinzipien behandelt, mit denen sich viele Argumente rekonstruieren lassen. Doch gibt es viele weitere Argumente, deren Gültigkeit nicht durch die hier gesammelten Schlussprinzipien nachgewiesen werden kann. Dafür ließen sich prinzipiell natürlich in gleicher Weise neue Schlussprinzipien bestimmen. Doch spätestens an dieser Stelle wird die Idee besonders attraktiv, ein präzises logisches System einzuführen, in

dem mit möglichst wenigen Grundlagen (Axiomen oder Regeln) möglichst viele gültige Schlüsse dargestellt werden können.

Das erste entsprechende System einer formalen Logik, das man sich in diesem Zusammenhang aneignen sollte, ist die sogenannte Klassische Aussagen- und Prädikatenlogik. Dieses System weist alle hier behandelten Schlussprinzipien ebenfalls als gültig aus, erläutert ihre Zusammenhänge und kann auch darüber hinaus viele weitere gültige Argumente darstellen. Wer unsere Einführung durchgearbeitet hat, wird dementsprechend nahtlos auch in die formalisierten, symbolischen Darstellungen und Ableitungen der klassischen Logik einsteigen können. Empfehlenswert sind hier etwa die Einführungen von Salmon (1983), Hoyningen-Huene (1998), Rosenkranz (2006), Strobach (2011), Hardy/Schamberger (2018), Beckermann (2014), van Riel/Vosgerau (2018), Brendel (2020) oder Schurz (2020).

Dabei ist jedoch zu beachten, dass die Klassische Logik mit einer formalen Sprache operiert, die nur ein *Modell* für das Argumentieren und Schließen in natürlichen Sprachen darstellt. Die Vorhersagen, die dieses Modell darüber macht, welche Argumente wir natürlichsprachig als gültig einordnen sollten und welche nicht, sind im Großen und Ganzen ganz ausgezeichnet, doch sind sie nicht perfekt: Besonders problematisch ist es, Subjunktionen als materiale Implikationen zu modellieren. Denn dadurch werden einige Argumente als gültig eingeordnet, deren Prämissen klar wahr und deren Konklusionen klar falsch sind, so dass sie in natürlicher Sprache kaum vernünftigerweise als gültig beschrieben werden können. Nähere Ausführungen zu diesen Problemen sowie Vorschläge, wie damit umzugehen ist, finden sich in allen genannten Einführungsbüchern. Besonders eingehend und zugänglich werden solche Fälle von Christoph Schamberger ausgeführt, der am Ende auch mit einer systematisch ausgearbeiteten, eigenen Lösung aufwartet.[49]

(5) Diese Überlegungen gehen nahtlos in den letzten Bereich über, auf den wir hier einen Ausblick wagen sollten, nämlich die Vielfalt weiterer logischer Theorien und Systeme und die Philosophie der Logik. Dabei geht es einerseits um die nichtklassischen Logiken sowie die Philosophie der Logik, zu der auch die Frage nach der Unterscheidung zwischen rein logischen und anderen Begriffen gehört (s. 2.2). In diese Bereiche führen Priest (2000) und Strobach (2011) ausgezeichnet ein. Zum anderen geht es um die Geschichte der Philosophie, in der sich die Logik im Zusammenspiel mit Erkenntnistheorie, Sprachphilosophie und anderen Bereichen erst allmählich als eine eigenständige Teildisziplin herausgebildet hat – Zusammenhänge, die auch systematisch weiterhin sehr wichtig sind. In diesem Zusammenhang ist die klassische Einführung von Tugendhat/Wolf (1983) besonders empfehlenswert.

An diesen und anderen Punkten zeigt sich, dass die logische Argumentanalyse nicht nur als unerlässliche Methode einen natürlichen Teil des inhaltlichen Philosophierens ausmacht. Sie ist in Form der Logik und der Argumentationstheorie auch ein wichtiger, eigenständiger Gegenstand des philosophischen Nachdenkens, der Kritik und der Weiterentwicklung.

Auch hier bleibt es also dabei: weitermachen!

49 Vgl. Schamberger 2016, S. 52–64.

Lösungen der Aufgaben

Zu 1.1

»Das ist auch der Grund, warum« ist ein deutlicher Argumentations-Anzeiger. Begründet wird eine Konklusion, die man beispielsweise so formulieren kann: »Philosophische Probleme entstehen immer wieder neu, auch für Menschen, die nichts über sie gelesen haben.« Eine zentrale Prämisse des Arguments lautet: »Philosophische Probleme erwachsen unmittelbar aus der Welt und unserer Beziehung zu ihr.« Weitere Prämissen werden nicht erwähnt.

Zu 1.2

Eine mögliche Rekonstruktion mit der impliziten Prämisse P2 lautet:

P1. Philosophische Probleme erwachsen unmittelbar aus der Welt und unserer Beziehung zu ihr.
P2. Was unmittelbar aus der Welt und unserer Beziehung zu ihr erwächst, das entsteht immer wieder neu, auch für Menschen, die nichts darüber gelesen haben.

———

K. Philosophische Probleme entstehen immer wieder neu, auch für Menschen, die nichts über sie gelesen haben.

Zu 1.3

(1) Das Argument ist schlüssig und dementsprechend auch gültig, und zwar aus genau denselben Gründen, aus denen die anderen in 1.3 behandelten gültigen Argumente gültig sind (s. 2.2 und 3.1).

(2) Das Argument ist nicht schlüssig und nicht gültig. Die Prämissen sind beide wahr und die Konklusion ist ebenfalls wahr, doch stehen die Prämissen nicht in der richtigen Beziehung zur Konklusion (s. 2.2).
(3) Das Argument ist nicht schlüssig, da die erste Prämisse falsch ist: Wale sind Säugetiere, keine Fische. Doch ist es gültig, und zwar aus denselben Gründen, aus denen auch das Argument in Rekonstruktion 1 gültig ist (s. 2.2 und 2.4).

Zu 1.4

Eine mögliche Stützung von Rekonstruktion 6 (S. 39) lautet:

P. Die Vorstellung von etwas prinzipiell Unerkennbarem ist nicht sinnvoll.

———

K. Die Vorstellung einer prinzipiell unerkennbaren Außenwelt ist nicht sinnvoll.

Ein möglicher Angriff auf sie lautet:

P1. Eine prinzipiell unerkennbare Außenwelt ist möglich.
P2. Für alles, was möglich ist, gilt, dass die Vorstellung davon sinnvoll ist.

———

K. Die Vorstellung einer prinzipiell unerkennbaren Außenwelt ist sinnvoll.

Zu 1.5

Das Argument ist gültig, und P1 und P2 entsprechen dem Text sehr wortgetreu. P3 und K handeln jedoch von »kompletter Unabhängigkeit«, die so im Text nicht explizit behauptet wird.

Und in der Tat ist die These der kompletten Unabhängigkeit deutlich zu anspruchsvoll. Im Text wird ja vor allem über die Methoden und Herangehensweisen der Naturwissenschaften einerseits und der Philosophie andererseits gesprochen. Doch schließt das, anders als P3 behauptet, nicht aus, dass Bezüge zwischen den Ergebnissen und Theorien dieser Felder bestehen. Und die gibt es ja in der Tat: Das naturwissenschaftliche Weltbild ist selbst Gegenstand philosophischen Nachdenkens, so etwa: Gibt es mehr zwischen Himmel und Erde, als die Naturwissenschaften entdecken können? In Nagels Buch wird das unter anderem in Kapitel 4 »Das psychophysische Problem« auch explizit diskutiert. P3 und K sind daher nicht angemessen.

Zu 2.1

Ein Beispielargument wäre: »Mary Wollstonecraft ist Philosophin. Alle Philosophinnen lieben konstruktive Diskussionen. Also liebt Mary Wollstonecraft konstruktive Diskussionen.« Hier steht ›a‹ für »Mary Wollstonecraft«, ›F‹ für »ist eine Philosophin« und ›G‹ für »liebt konstruktive Diskussionen«.

Zu 2.2

Dem Argument liegt das folgende Schlussprinzip zugrunde: »Alles, was F ist, ist G. Alles, was H ist, ist G. Also: Alles, was H ist, ist F.« Ein mögliches Gegenbeispiel, das nachweist, dass das Argument ungültig ist, lautet: »Alle Menschen sind Säugetiere. Alle Wale sind Säugetiere. Also: Alle Wale sind Menschen.«

Zu 2.3

Eine Rekonstruktion des Arguments lautet:

P1. Österreich ist nicht größer als Deutschland.
P2. Für alle x und alle y gilt: Wenn x nicht größer als y ist, dann ist y größer als x.
———
K. Deutschland ist größer als Österreich.

Ein Beispiel für eine Widerlegung des Allsatzes lautet:

H. Für alle x und alle y gilt: Wenn x nicht größer als y ist, dann ist y größer als x.
P1. Das linke Regal ist genauso groß wie das rechte Regal.
P2. Für alle x und y gilt: Wenn x genauso groß ist wie y, dann ist x nicht größer als y.
——— (P1, P2) ———
Z1. Das linke Regal ist nicht größer als das rechte Regal.
——— (H, Z1) ———
Z2. Das rechte Regal ist größer als das linke Regal. (angenommen H)
——— (P1, P2) ———
Z3. Das rechte Regal ist nicht größer als das linke Regal.
——— AW (Z2, Z3) ———
K. Es ist nicht der Fall, dass für alle x und alle y gilt: Wenn x nicht größer als y ist, dann ist y größer als x.

Zu 2.4

Eine mögliche Rekonstruktion des Arguments lautet:

P1. Lord Byron ist der Vater von Ada Lovelace.
P2. Ada Lovelace ist die Erfinderin des Computers.
——— Aus ›Fab‹ und ›b=c‹ folgt ›Fac‹ (P1, P2) ———
K. Lord Byron ist der Vater der Erfinderin des Computers.

Bei der Anwendung des Schlussprinzips steht ›F‹ für den zweistelligen generellen Terminus »ist der Vater von«, ›a‹ für »Lord Byron«, ›b‹ für »Ada Lovelace« und ›c‹ für »die Erfinderin des Computers«.

Zu 3.1, Aufgabe 1

P1. Düsseldorf liegt westlich von Jena.
P2. Jena liegt westlich von Dresden.
——— K (P1, P2) ———
Z1. Düsseldorf liegt westlich von Jena und Jena liegt westlich von Dresden.
P3. Für alle x, alle y und alle z gilt: Wenn x westlich von y liegt und y westlich von z, dann liegt x westlich von z.
——— S (P3) ———
Z2. Wenn Düsseldorf westlich von Jena liegt und Jena westlich von Dresden, dann liegt Düsseldorf westlich von Dresden.
——— MP (Z1, Z2) ———
K. Düsseldorf liegt westlich von Dresden.

Zu 3.1, Aufgabe 2

P1. Gott existiert.
P2. Wenn Gott existiert, dann ist er vollkommen.
——— MP (P1, P2) ———
Z1. Gott ist vollkommen.
P3. Es gibt Leid in der Welt.
P4. Wenn Gott vollkommen ist und es Leid in der Welt gibt, dann ist das Leid in der Welt unvermeidlich.
——— K, MP (Z1, P3, P4) ———
K. Das Leid in der Welt ist unvermeidlich.

Zu 3.2, Aufgabe 1

P1. Wenn alles, was wir nur aufgrund unserer Sinneswahrnehmung glauben, falsch sein könnte, dann ist die Vorstellung einer prinzipiell unerkennbaren Außenwelt sinnvoll.
P2. Es ist nicht der Fall, dass die Vorstellung einer prinzipiell unerkennbaren Außenwelt sinnvoll ist.
——— MT (P1, P2) ———
K. Es ist nicht der Fall, dass alles, was wir nur aufgrund unserer Sinneswahrnehmung glauben, falsch sein könnte.

Zu 3.2, Aufgabe 2

P1. Für alle x gilt: Wenn x die Menschenrechte achtet, dann führt x keinen Angriffskrieg.
——— S (P1) ———
Z. Wenn der Diktator die Menschenrechte achtet, dann führt er keinen Angriffskrieg.
P2. Der Diktator führt einen Angriffskrieg.
——— MT (Z, P2) ———
K. Der Diktator achtet die Menschenrechte nicht.

Zu 3.3, Aufgabe 1

(1) Einfache Subjunktion, »Mir fällt etwas Schönes ein« ist hinreichend für »Ich kaufe ein Geschenk«.
(2) Einfache Bisubjunktion, »Chris ist wieder gesund« ist hinreichend und notwendig für »Es gibt Live-Musik«.
(3) Einfache Subjunktion, »Ich werde rechtzeitig fertig« ist notwendig für »Ich komme zur Party«.
(4) Generelle Subjunktion, »... ist eine Party« ist hinreichend für »... ist eine Veranstaltung«.

(5) Generelle Bisubjunktion, »ich mag … wirklich« ist hinreichend und notwendig für »ich lade … ein«.

Zu 3.3, Aufgabe 2

Eine mögliche Formulierung: »Für alle x gilt: x ist genau dann ein schlüssiges Argument, wenn x gültig ist und alle Prämissen in x wahr sind.« Auch möglich ist es, ›… ist ein Argument‹ als separaten generellen Terminus in einer Vorbedingung aufzufassen: »Für alle x gilt: Wenn x ein Argument ist, dann gilt: x ist genau dann schlüssig, wenn x gültig ist und alle Prämissen in x wahr sind.«

Zu 3.4, Aufgabe 1

P1. Wenn es echte moralische Dilemmata gibt, dann gibt es Situationen, in denen moralisches Leid unvermeidbar ist.
P2. Wenn es Situationen gibt, in denen moralisches Leid unvermeidbar ist, dann ist die Welt nicht vollkommen gut.
——— KS (P1, P2) ———
Z. Wenn es echte moralische Dilemmata gibt, dann ist die Welt nicht vollkommen gut.
P3. Wenn die Welt nicht vollkommen gut ist, dann gibt es keinen gütigen Gott.
——— KS (Z, P3) ———
K. Wenn es echte moralische Dilemmata gibt, dann gibt es keinen gütigen Gott.

Zu 3.4, Aufgabe 2

(a) Eine mögliche Stützung von Rekonstruktion 25 (S. 113):

P1. Wenn ich nicht glaube, dass andere existieren, die dieses Buch lesen könnten, dann ergibt es für mich keinen Sinn, dieses Buch zu schreiben.
P2. Wenn es für mich keinen Sinn ergibt, dieses Buch zu schreiben, dann schreibe ich es nicht.
——— KS (P1, P2) ———
K. Wenn ich nicht glaube, dass andere existieren, die dieses Buch lesen könnten, dann schreibe ich dieses Buch nicht.

(b) Eine mögliche Stützung von Rekonstruktion 27 (S. 116):

P1. Alles, was wir nur aufgrund unserer Sinneswahrnehmung glauben, ist anfällig für Täuschungen und Interpretationsfehler.
P2. Alles, was für Täuschungen und Interpretationsfehler anfällig ist, könnte falsch sein.
——— GKS (P1, P2) ———
K. Alles, was wir nur aufgrund unserer Sinneswahrnehmung glauben, könnte falsch sein.

Zu 3.5

Eine mögliche Rekonstruktion des kritisierten Arguments lautet:

P1. Wenn es nichts gibt, das in der Vergangenheit kausal auf uns eingewirkt hat, dann haben wir keine Überzeugungen über die Vergangenheit.
P2. Wir haben Überzeugungen über die Vergangenheit.
——— MT (P1, P2) ———

Z. Es gibt etwas, das in der Vergangenheit kausal auf uns eingewirkt hat.
P3. Wenn es etwas gibt, das in der Vergangenheit kausal auf uns eingewirkt hat, dann haben wir bereits in der Vergangenheit existiert.
——— MP (Z, P3) ———
K. Wir haben bereits in der Vergangenheit existiert.

Das Kurzschlussargument mit Bezug auf die petitiöse Prämisse P1 lässt sich so fassen:

P1. Wenn es nichts gibt, das in der Vergangenheit kausal auf uns eingewirkt hat, dann haben wir keine Überzeugungen über die Vergangenheit.
P2. Dass wir bereits in der Vergangenheit existiert haben, ist eine notwendige Bedingung dafür, dass gilt: Wenn es nichts gibt, das in der Vergangenheit kausal auf uns eingewirkt hat, dann haben wir keine Überzeugungen über die Vergangenheit.
——— MP (P1, P2) ———
K. Wir haben bereits in der Vergangenheit existiert.

Zu 3.6, Aufgabe 1

(a) Wenn auf P1 zunächst eine Kontraposition angewendet wird, kann aus der so entstehenden Zwischenkonklusion gemeinsam mit P2 per Modus Ponens auf Z geschlossen werden.
(b) Wenn auf P3 zunächst eine Kontraposition angewendet wird, kann aus der so entstehenden Zwischenkonklusion gemeinsam mit Z per Modus Tollens auf K geschlossen werden.

Zu 3.6, Aufgabe 2

P1. Wer moralisch handelt, achtet beliebige andere.
P2. Wer bestimmte andere bevorzugt, entscheidet willkürlich, wer zu achten ist.
P3. Wer willkürlich entscheidet, wer zu achten ist, achtet nicht beliebige andere.
——— GKS (P2, P3) ———
Z1. Wer bestimmte andere bevorzugt, achtet nicht beliebige andere.
——— GKP (Z1) ———
Z2. Wer beliebige andere achtet, bevorzugt nicht bestimmte andere.
——— GKS (P1, Z2) ———
K. Wer moralisch handelt, bevorzugt nicht bestimmte andere.

Zu 4.1, Aufgabe 1

P1. Die Übel in der Welt sind vermeidbar oder Gott ist nicht allmächtig.
P2. Wenn die Übel in der Welt vermeidbar sind, dann ist Gott nicht gütig.
P3. Gott ist gütig.
——— MT (P2, P3) ———
Z. Die Übel in der Welt sind nicht vermeidbar.
——— A (P1, Z) ———
K. Gott ist nicht allmächtig.

Zu 4.1, Aufgabe 2

Die erste Prämisse ist eine Kontravalenz: Die Alternativen Philosophie- und Ökonomie-Studium werden in dem Argument als ausschließend behandelt. Nur so kann am Ende die Konklusion gefolgert werden. Die Kontravalenz wird hier in P1 als Bisubjunktion mit einer Verneinung dargestellt:

P1. Ich studiere Philosophie genau dann, wenn ich nicht Ökonomie studiere.
P2. Wenn ich mich nicht von anderen verunsichern lasse, dann studiere ich, was mich wirklich interessiert.
P3. Wenn ich studiere, was mich wirklich interessiert, dann studiere ich Philosophie.
——— KS (P2, P3) ———
Z1. Wenn ich mich nicht von anderen verunsichern lasse, dann studiere ich Philosophie.
P4. Ich lasse mich nicht von anderen verunsichern.
——— MP (Z1, P4) ———
Z2. Ich studiere Philosophie.
——— B, MP (P1, Z2) ———
K. Ich studiere nicht Ökonomie.

Zu 4.2

P1. Wenn ich alle meine Wünsche in die Tat umsetze, dann werde ich Künstler und Profisportler.
P2. Ich sichere mein finanzielles Auskommen.
P3. Wenn ich mein finanzielles Auskommen sichere, dann werde ich entweder nicht Künstler oder nicht Profisportler.
——— MP (P2, P3) ———
Z1. Ich werde entweder nicht Künstler oder nicht Profisportler.
——— DM (Z1) ———
Z2. Es ist nicht der Fall, dass ich Künstler und Profisportler werde.
——— MT (P1, Z2) ———
K. Ich setze nicht alle meine Wünsche in die Tat um.

Zu 4.3, Aufgabe 1

(a)

P1. Wenn mir kalt ist, bin ich müde.
P2. Wenn mir kalt ist, bin ich hungrig.
H. Mir ist kalt.
——— MP (P1, H) ———
Z1. Ich bin müde. (angenommen H)
——— MP (P2, H) ———
Z2. Ich bin hungrig. (angenommen H)
——— K (Z1, Z2) ———
Z3. Ich bin müde und hungrig. (angenommen H)
——— AE (Z3) ———
K. Wenn mir kalt ist, bin ich müde und hungrig.

(b)

P1. Wenn mir kalt ist, bin ich müde und hungrig.
H. Mir ist kalt.
——— MP (P1, H) ———
Z1. Ich bin müde und hungrig. (angenommen H)
——— K (Z1) ———
Z2. Ich bin müde. (angenommen H)
——— AE (Z2) ———
K. Wenn mir kalt ist, bin ich müde.

Zu 4.3, Aufgabe 2

P1. Wer unter 18 oder noch in Ausbildung ist, bekommt eine Ermäßigungskarte.
——— AF (P1) ———
Z1. Wer noch in Ausbildung ist, bekommt eine Ermäßigungskarte.
P2. Wer eine Ermäßigungskarte bekommt, zahlt niedrigere Ticket-

preise und kann am Wochenende sogar mit einer Begleitperson kostenlos fahren.

——— GK (P2) ———

Z2. Wer eine Ermäßigungskarte bekommt, kann am Wochenende sogar mit einer Begleitperson kostenlos fahren.

——— GKS (Z1, Z2) ———

Z3. Wer sich noch in Ausbildung befindet, kann am Wochenende sogar mit einer Begleitperson kostenlos fahren.

P3. Esra befindet sich noch in Ausbildung.

——— S, MP (Z3, P3) ———

K. Esra kann am Wochenende sogar mit einer Begleitperson kostenlos fahren.

Zu 4.4

P1. Entweder die Parteien bilden eine stabile Koalition oder die Parteien bilden keine stabile Koalition.

P2. Wenn die Parteien eine stabile Koalition bilden, dann brechen die Parteien ihre Wahlversprechen in eklatanter Weise.

P3. Wenn die Parteien ihre Wahlversprechen in eklatanter Weise brechen, dann wird die Politikverdrossenheit verstärkt.

——— KS (P2, P3) ———

Z. Wenn die Parteien eine stabile Koalition bilden, dann wird die Politikverdrossenheit verstärkt.

P4. Wenn die Parteien keine stabile Koalition bilden, dann wird die Politikverdrossenheit verstärkt.

——— D (P1, Z, P4) ———

K. Die Politikverdrossenheit wird verstärkt.

Zu 4.5

P1. Alle schlechten Theorien sind entweder unverständlich oder trivial.
P2. Mit allem, was unverständlich ist, beschäftige ich mich nicht.
P3. Was trivial ist, ist weder für mich noch für andere interessant.
P4. Mit allem, das weder für mich noch für andere interessant ist, beschäftige ich mich nicht.
——— GKS (P3, P4) ———
Z. Mit allem, was trivial ist, beschäftige ich mich nicht.
——— GD (P1, P2, Z) ———
K. Mit allen schlechten Theorien beschäftige ich mich nicht.

Zu 4.6, Aufgabe 1

P1. In jedem Krieg werden Menschen verletzt und getötet.
P2. Es gibt nichts Gerechtes, in dem Menschen verletzt und getötet werden.
——— Q (P2) ———
Z1. Alles, in dem Menschen verletzt und getötet werden, ist nicht gerecht.
——— GKS (P1, Z1) ———
Z2. Jeder Krieg ist nicht gerecht.
——— Q (Z2) ———
K. Es gibt keine gerechten Kriege.

Zu 4.6, Aufgabe 2

P1. Es gibt Kriegseinsätze, die dem Schutz von Menschenrechten dienen.
P2. Was dem Schutz von Menschenrechten dient, ist gerecht.
——— PKS (P1, P2) ———
K. Manche Kriegseinsätze sind gerecht.

Literaturhinweise

Beckermann, Ansgar: Einführung in die Logik. Berlin/Boston ^{4}2014.

Betz, Gregor: Theorie dialektischer Strukturen. Frankfurt a. M. 2010.

– Descartes' »Meditationen über die Grundlagen der Philosophie«: Ein systematischer Kommentar. Stuttgart 2011.

– Logik und Argumentationslehre. In: Pfister, Jonas / Zimmermann, Peter (Hrsg.): Neues Handbuch des Philosophie-Unterrichts. Bern 2016. S. 169–198.

– Argumentationsanalyse. Eine Einführung. Stuttgart 2020.

Brendel, Elke: Logik-Skript 1. Frankfurt a. M. ^{2}2020.

Brun, Georg / Hirsch Hadorn, Gertrude: Textanalyse in den Wissenschaften. Zürich ^{2}2014.

Burkard, Anne / Franzen, Henning / Löwenstein, David / Romizi, Donata / Wienmeister, Annett: Argumentative Skills: A Systematic Framework for Teaching and Learning. In: Journal of Didactics of Philosophy 5 (2021) Nr. 2. S. 72–100. (Deutsche Übersetzung online verfügbar unter: www.philovernetzt.de).

Cohen, Daniel H.: Argument Is War … and War Is Hell. Philosophy, Education, and Metaphors for Argumentation. In: Informal Logic 17 (1995) Nr. 2. S. 177–188.

Davidson, David: Inquiries into Truth and Interpretation. Oxford 1991.

Gabriel, Gottfried: Einführung in die Logik. Kurzes Lehrbuch mit Übungsaufgaben und Musterlösungen. Gera ^{4}2013.

Gadamer, Hans-Georg: Wahrheit und Methode. Grundzüge einer philosophischen Hermeneutik. Tübingen 1960.

Hardy, Jörg / Schamberger, Christoph: Logik der Philosophie. Göttingen ^{2}2018.

Hoyningen-Huene, Paul: Formale Logik. Eine philosophische Einführung. Stuttgart 1998.

Jaster, Romy / Lanius, David: Die Wahrheit schafft sich ab. Wie Fake News Politik machen. Stuttgart 2019.

Keil, Geert: Wenn ich mich nicht irre. Ein Versuch über die menschliche Fehlbarkeit. Stuttgart 2019.

Lynch, Michael P.: True to Life. Why Truth Matters. Cambridge 2004.

Nagel, Thomas: Was bedeutet das alles? Eine ganz kurze Einführung in die Philosophie. Stuttgart 2012.

Pfister, Jonas: Werkzeuge des Philosophierens. Stuttgart 2013.

– Kritisches Denken. Stuttgart 2020.

Priest, Graham: Logic. A Very Short Introduction. Oxford 2000.

van Riel, Raphael / Vosgerau, Gottfried: Aussagen- und Prädikatenlogik. Eine Einführung. Stuttgart 2018.

Rosenberg, Jay F.: Philosophieren. Ein Handbuch für Anfänger. Frankfurt a. M. 1986.

Rosenkranz, Sven: Einführung in die Logik. Mit Übungsaufgaben von Helen Bohse. Stuttgart 2006.

Salmon, Wesley C.: Logik. Stuttgart 1983.

Schamberger, Christoph: Logik der Umgangssprache. Göttingen 2016.

Schurz, Gerhard: Logik. Grund- und Aufbaukurs in Aussagen- und Prädikatenlogik. Berlin/Boston ²2020.

Strobach, Niko: Einführung in die Logik. Darmstadt 2011.

Tetens, Holm: Philosophisches Argumentieren. Eine Einführung. München ²2006.

Tugendhat, Ernst / Wolf, Ursula. Logisch-semantische Propädeutik. Stuttgart 1983.

Dank

Dieses Buch wurde wesentlich von den vielen Lehrveranstaltungen zur Logik und Argumentation geprägt, die ich als Student, Tutor und Dozent erlebt und gestaltet habe. Am wichtigsten sind immer die Menschen: einerseits die Kolleg:innen, mit denen ich mich über die Didaktik des Argumentierens und der Argumentanalyse austauschen konnte, und andererseits die Lehrenden, die Tutor:innen und die Studierenden, mit denen ich in Lehrveranstaltungen zusammenarbeiten durfte. Sie alle haben, jeweils in ihrer eigenen Weise, einen großen Anteil daran, wie dieses Buch am Ende geworden ist. Dafür möchte ich ihnen allen von Herzen danken.

Einzelne hervorzuheben kann leicht den falschen Eindruck erwecken, dass andere nicht genauso wichtig sind. Trotzdem: Ein gesonderter Dank für ihre konstruktive Kritik an einer vollständigen Entwurfsversion dieses Buchs gebührt Anne Burkard, Christoph Schamberger, David Lanius, Dominik Balg, Donata Romizi, Georg Brun, Gregor Betz, Henning Franzen, Holm Tetens, Jonas Pfister und Thomas J. Spiegel.

Register